Christiane BALLASI

DEA d'Anglais
Diplômée de la Chambre de Commerce Franco-Britannique
Formatrice en entreprises
Intervenante en sections de BTS, écoles de commerce et universités
Spécialisée dans les remises à niveau

EXERCICES DE GRAMMAIRE ANGLAISE NIVEAU 1

ASHFORD
EDITION ET FORMATION
BP 76
20 rue Pierre Mendes France, Torcy
77202 MARNE LA VALLEE CEDEX 1
Tél. : 01 60 05 38 92
Mail : ashford@orange.fr

DANS LA MEME COLLECTION

Niveau collège, débutant ou faux-débutant adultes

400 premiers mots d'anglais
Premier dictionnaire d'anglais
Vocabulaire anglais du collège
Anglais débutant - Grammaire
Anglais débutant - Vocabulaire
Anglais débutant - Jeux
Anglais débutant - Pays anglophones
Anglais intermédiaire - Grammaire
Anglais intermédiaire - Vocabulaire
Anglais intermédiaire - Jeux
Anglais intermédiaire - Pays anglophones
Exercices de grammaire anglaise - Niveau 1

Niveau lycée, perfectionnement adultes

Vocabulaire anglais du lycée
Grammaire anglaise
Exercices de grammaire anglaise - Niveau 2
Anglais confirmé - Grammaire
Anglais confirmé - Vocabulaire
Anglais confirmé - Jeux
Réussir ses épreuves écrites et orales d'anglais
Réussir ses épreuves écrites d'anglais
Réussir ses épreuves orales d'anglais
Comprendre la presse en anglais - Vocabulaire
Comprendre la presse en anglais - Exercices et jeux Tome 1
Comprendre la presse en anglais - Exercices et jeux Tome 2
Inspector Morley studies the mark of the vampire

Niveau après le bac, et avancé adultes

Grammaire anglaise
Exercices de grammaire anglaise - Niveau 2
Anglais des affaires - Vocabulaire
Anglais des affaires - Situations professionnelles
Anglais des affaires - Jeux
Comprendre la presse en anglais - Vocabulaire
Comprendre la presse en anglais - Exercices et jeux Tome 1
Comprendre la presse en anglais - Exercices et jeux Tome 2
Réussir ses épreuves écrites et orales d'anglais
Réussir ses épreuves écrites d'anglais
Réussir ses épreuves orales d'anglais
Inspector Morley studies the mark of the vampire

Certains titres sont disponibles en braille.

ISBN 2-911301-22-6

ABREVIATIONS
UTILISEES DANS LES OUVRAGES

*	verbe irrégulier, sauf *to be* et *to have*, supposés connus
1 et 2 :	pour les deux sens différents d'un mot
/ :	indique les deux possibilités de traduction dans une phrase
adj. :	adjectif
adv. :	adverbe
comp. :	complément
GB :	anglais britannique
inf. :	infinitif
"*ing*" :	gérondif
p. p. :	participe passé
p. passé :	participe passé
qqn :	quelqu'un
qqse :	quelque chose
sby :	*somebody*
sth :	*something*
US :	anglais américain

Tous les mots anglais sont en italiques.

Un cercle vous permet d'inscrire votre score sur 10 points dans les parties "Les Exercices" et "Les jeux".

SOMMAIRE

1ERE PARTIE

Les phrases corrigées avec explications détaillées

LES ENONCES

1 Tous leurs amis seront ici.

2 J'ai un chien et un chat.

3 La maison de mon oncle a un toit noir.

4 J'aime ce gâteau rose.

5 Je lis un livre toutes les semaines.

6 Il est parti il y a dix minutes.

7 Tu dois dormir maintenant. Il est tard.

8 Sa fille (à elle) joue très bien du piano.

9 J'apprends l'anglais depuis trois semaines.

10 Ils ne sont pas venus hier.

11 Le chat est dans le jardin. Ne le cherche pas.

12 Je ne le connais pas.

13 Elle est malade depuis deux jours.

14 Tu ferais mieux de te dépêcher.

15 Vous devriez lui dire de venir plus tôt.

16 La jupe grise était trop chère. J'ai acheté la noire.

17 Combien coûte ce pantalon ? - Deux cents euros.

18 J'aimerais la rencontrer.

19 Agatha écrit une lettre toutes les semaines.

20 Ils n'avaient pas lu l'affiche.

21 Ses chaussures sont toujours sous le lit.

22 Vous pouvez garer votre voiture derrière l'hôtel.

23 Où est la banque la plus proche ?

24 Il habite en Belgique depuis qu'il a 15 ans.

25 Nous n'aimons pas les plats épicés.

26 Il est un des peintres les plus célèbres qui aient jamais vécu.

27 Chaque message doit être court.

28 Pourquoi ne peut-il pas venir ? (capacité)

29 Pourriez-vous épeler votre nom, s'il vous plaît ?

30 Il n'a pas été autorisé à venir.

31 Cette télévision coûte trois cent cinquante euros.

32 Elle n'aime pas voyager.

33 Je vais souvent à la piscine le dimanche.

34 Sais-tu si sa femme travaille ?

35 Combien de frères et soeurs avez-vous ?

36 Où vivent tes parents ? - Les miens vivent à Rome.

37 Ils vont quelquefois au cinéma le samedi.

38 A quelle distance est Grenoble de Paris ? - A environ cinq cents kilomètres.

39 Il arrivera lundi à 8 heures.

40 Dis-moi qui viendra avec eux.

41 Ils se sont mariés en 1945.

42 Mon mari a quarante ans.

43 Combien de temps resterez-vous ici ?

44 Combien coûtent ces chaussures ?

45 Je ne savais pas qu'il ne viendrait pas.

46 J'aime peindre dans mon jardin.

47 John rentrera à la maison à 20h30.

48 J'espère qu'il viendra demain.

49 Personne ne sait où elle est.

50 Pourquoi n'est-il pas venu hier ? Etait-il malade ?

51 Je ne sais pas, je ne lui ai pas encore téléphoné.

52 Tu ne devrais pas partir.

53 Pourquoi avait-il menti ?

54 Elle aimerait que tu l'écoutes.

55 Je devrai apprendre mes leçons.

56 Elle est née en 1962.

57 Pourrais-tu m'aider ? Mes valises sont très lourdes.

58 Il ne sera pas autorisé à sortir ce soir.

59 Aimeriez-vous aller aux Etats-Unis ?

60 Sa voiture est neuve. Il la lave tous les jours.

61 La banque fermera à 16 heures.

62 Il se peut qu'elle sache où ils sont.

63 Nous ne savions pas qu'il ne voulait pas venir.

64 Il n'y a pas beaucoup d'arbres dans cette ville.

65 Elle ne pourra pas aller au cinéma. (permission)

66 Pourriez-vous traduire cette lettre ?

67 Tu devras attendre. Il y a beaucoup de monde.

68 Je ne sais pas où je passerai mes prochaines vacances.

69 Nous aimerions qu'il vienne avec nous.

70 Elle n'avait jamais vu la mer.

71 Je ne peux pas te croire.

72 Elle aimerait que tu ailles chez le boucher.

73 Aucun magasin n'est ouvert le dimanche.

74 Chaque élève doit avoir un cartable.

75 Il avait cassé ses lunettes avant de partir.

76 Pourquoi n'as-tu pas téléphoné ? Nous vous attendions.

77 Personne ne l'a vue.

78 Il n'y a pas de beurre dans le réfrigérateur.

79 Ces vieux disques appartenaient à mon grand-père.

80 Il était en train de téléphoner.

81 Je lui dirai lorsqu'il sera ici.

82 Il m'avait dit de ne pas attendre.

83 Betty est en train de garer sa voiture.

84 Elle vient de téléphoner.

85 Elle lisait lorsque nous sommes arrivés.

86 Nous t'appellerons dès que nous serons à Londres.

87 Il va pleuvoir. Le ciel est gris.

88 Il fait plus froid aujourd'hui.

89 Quelle heure est-il ? - Il est 15h15.

90 L'avion va décoller. Il est 9h50.

91 Je n'aime pas la musique pop.

92 S'il vient demain, nous jouerons au tennis.

93 Elle voyagera beaucoup lorsqu'elle aura un bon travail.

94 Il ne lui avait pas téléphoné.

95 Sa poupée est cassée. Elle pleure.

96 Elle aura 20 ans en octobre.

97 Nous jouerions dans le jardin s’il ne pleuvait pas.

98 Tous nos meilleurs amis sont ici.

99 Ce n'est pas le mien. C'est le tien.

100 C'est le meilleur film que j'ai jamais vu.

101 Ne bois pas autant.

102 Quel âge a-t-il ? - Il aura 54 ans le mois prochain.

103 Elle n'est pas aussi grande que lui.

104 Je viens de manger une pomme.

105 Lyon est plus grande que Marseille.

106 Il y a trop de voitures aujourd'hui.

107 Il se peut qu'il neige demain.

108 Je préférerais marcher.

109 Il a plu la semaine dernière.

110 Il n'est pas encore arrivé.

111 Je lui dirai dès que je la verrai.

112 Il n'y a pas de brouillard aujourd'hui.

113 Ils habitent à New York depuis 1986.

114 Nous regardions la télévision.

115 Il a neigé il y a trois jours.

116 J'habite à Paris depuis quatre ans.

117 Je ne suis jamais allé en Grèce.

118 Il aimerait se marier avec elle.

119 Elle est en train de jouer avec ses enfants dans le salon.

120 Qui est cet homme ? Je ne le connais pas.

121 Il travaille tous les jours.

122 Où iras-tu demain ?

123 Elle apprend l'allemand depuis deux ans.

124 Il a habité à Madrid pendant dix ans.

125 La fille qui attend le bus est ma cousine.

126 Commençons maintenant !

127 Son père (à lui) est médecin.

128 Ne lui dis pas que j'étais en retard.

129 Le chien qui est à côté des enfants n'est pas à eux.

130 A qui est ce stylo ? - C'est celui de Betty.

131 Je devrais manger moins de chocolat.

132 Ils sont en train de jouer au golf.

133 Ce n'est pas le nôtre. Je ne sais pas à qui il est.

134 Partons ! Il est déjà 23 heures.

135 Combien de temps est-il resté ?

136 Elle écoute la radio tous les jours.

137 Mes dernières vacances étaient formidables. J'adore pêcher.

138 Ma soeur est secrétaire.

139 Notre cuisine est aussi grande que la vôtre.

140 Prenons nos parapluies !

141 Il est rentré des Etats-Unis il y a deux semaines.

142 Lave-toi les mains avant de manger !

143 Leur frère vit en Irlande depuis 1990.

144 Notre appartement est plus petit que le leur.

145 Nous aimerions aller à l'étranger l'année prochaine.

146 Nous aimons lire ce journal français.

147 Elle t'écoute.

148 Il lui avait dit de venir.

149 Elle pourra rester.

150 Ils ont planté des fleurs devant leur maison la semaine dernière.

151 Je suis désolé, nous ne vendons pas de timbres.

152 Je dois lui téléphoner (à elle) pour l'inviter.

153 Elle a l'habitude de conduire vite.

154 Combien de temps resterez-vous en Italie ?

155 A qui est cette voiture rouge ? - Elle est à mon père.

156 Merci d'avoir appelé.

157 Nous avons l'habitude de nous lever à 6 heures du matin.

158 Je ne l'ai pas vu depuis trois ans.

159 Tu devrais lui parler. Elle est en colère.

160 Plus de trois cents personnes sont venues à leur soirée hier.

161 Des milliers de personnes viennent ici tous les ans.

162 J'aime ces chaussures jaune. Je vais les acheter.

163 Il fallait qu'elle parte.

164 Il est venu hier. Il n'y avait personne.

165 Je pense qu'il est encore ici. Frappe à la porte.

166 Nous aimons voyager en train.

167 As-tu besoin d'acheter une nouvelle voiture ?

168 Tout lui fait peur (à elle) la nuit.

169 Que fait-elle ? - Elle joue du piano.

170 Il se pourrait qu'il neige.

171 Le petit-déjeuner est servi de 7 à 9 heures.

172 Nous ne connaissons pas la raison de son retard.

173. Il n'a pas pu réparer la voiture.

174 Ce livre n'est pas aussi intéressant.

175 Elle a continué à pleurer malgré les bonbons.

176 A mon avis, il se peut qu'ils viennent à 17 heures.

177 Ils plantent des milliers de fleurs dans les parcs de cette ville chaque année.

178 Elle devait lui donner (à lui) son avis.

179 Tu ferais mieux de faire tes devoirs.

180 S'il pleut demain, nous resterons à la maison.

181 Elle nous a remerciés pour notre cadeau.

182 Il ne nous a pas dit qu'il avait eu un accident.

183 Pourriez-vous faire un gâteau ? Je les adore.

184 Nous ne savons pas si nous irons aux Etats-Unis l'année prochaine.

185 Il n'y a pas de fauteuil. Ils devront s'assoir sur le canapé.

186 Elle devrait travailler moins.

187 Il m'a prêté cinq cents euros il y a deux jours.

188 Ma voiture n'est jamais tombée en panne.

189 Je le connais depuis 1991.

190 Qu'aimerais-tu savoir d'autre ?

191 Les Johnson vivent dans un petit village près de Lille.

192 Il y a trop de tableaux sur ce mur.

193 Il boit trop d'alcool.

194 Cette maison a été construite en 1925.

195 L'école n'est pas loin de la poste.

196 Ils ont l'habitude de jouer ensemble.

197 Il n'a pas pu les aider.

198 Il devrait partir plus tôt.

199 Il y a moins de maisons ici.

200 Elle espère qu'elle aura moins de travail à faire demain.

201 Ne prends pas le plus gros gâteau !

202 Ma soeur, qui habite en Belgique, a deux enfants.

203 Combien de chaussures as-tu ?

204 Il est né le 21 mai 1985.

205 Il y a trop de fautes.

206 Je ne savais pas qu'il ne viendrait pas.

207 Il se peut qu'elle soit en retard.

208 Cette chemise est trop chère.

209 Il se pourrait qu'ils viennent ce soir.

210 Je viens de téléphoner à ma sœur.

211 Je n'ai pas encore acheté le livre.

212 La jupe est plus chère que la robe.

213 C'est Peter, n'est-ce pas ?

214 Il se peut qu'ils ne viennent pas.

215 Elle viendrait si tu l'invitais.

216 Les Anglais boivent beaucoup de thé.

217 J'ai dormi pendant douze heures.

218 Il y a peu de fautes.

219 Vos renseignements étaient utiles.

220 Il y a trop de sucre.

221 Je n'ai jamais vu une telle maison.

222 Peu de gens sont venus hier.

223 Pourrais-tu m'aider ?

224 Pourquoi n'es-tu pas venu hier ?

225 Je trouve ce livre moins intéressant.

226 Cette voiture coûte dix mille euros.

227 Il se peut qu'il travaille demain.

228 Il n'arrête jamais de parler.

229 Elle pourra traduire la lettre.

230 Il n'y a pas assez de place.

231 Ils avaient reçu une carte postale d'Australie.

232 Vous devrez arriver à 8 heures.

233 L'avion vient d'atterrir .

234 Celui-ci est moins cher.

235 Ils avaient déjà mangé.

236 Tu es trop jeune pour comprendre.

237 J'aime beaucoup les Américains.

238 Tu les connais, n'est-ce pas ?

239 Le livre n'est pas aussi intéressant que le film.

240 C'est plus difficile à comprendre.

241 Le canapé mesure 2,50 mètres de long.

242 Quel joli jardin !

243 Tu parles très bien anglais.

244 J'aimerais visiter les Pays-Bas.

245 Elle écrit quelquefois.

246 Ne bois pas autant de café !

247 Il était déjà ici.

248 Ces fleurs sont très jolies, n'est-ce pas ?

249 Elle dort depuis minuit.

250 Je vais à la piscine deux fois par semaine.

LES CORRIGES

1 Tous leurs amis seront ici.

All their friends will be here.

Tous : *all* + un nom pluriel
Leur, leurs : *their*
Futur simple : *will* + base verbale (infinitif sans *to*)

2 J'ai un chien et un chat.

I have (got) a dog and a cat.

Pour traduire la possession : *have got*
Un, une : *a*

3 La maison de mon oncle a un toit noir.

My uncle's house has a black roof.

Cas possessif : le possesseur + *'s* + la chose possédée
To have aux 3èmes pers. du sing. : *has*
Un, une : *a*
L'adjectif se place avant le nom

4 J'aime ce gâteau rose.

I like this pink cake.

Ce, cet, cette : *this*
L'adjectif se place avant le nom

5 Je lis un livre toutes les semaines.

I read a book every week.

Présent, pour une action habituelle : présent simple
Tous les (chaque) : *every* + un nom singulier

6 Il est parti il y a dix minutes.

He left ten minutes ago.

Il y a + une notion de temps : *ago*
Toujours le preterite avec *ago*
To leave est irrégulier

7 Tu dois dormir maintenant. Il est tard.
You must sleep now. It is late.
Devoir, dans le sens d'obligation : *must* + base verbale

8 Sa fille (à elle) joue très bien du piano.
Her daughter plays the piano very well.
Son, sa, ses (à elle) : *her*
Présent pour une action habituelle : présent simple
"*s*" aux 3èmes pers. du sing. au présent simple
Article défini devant les instruments de musique
L'adverbe de manière se place après les compléments

9 J'apprends l'anglais depuis trois semaines.
I have learned / learnt English for three weeks.
I have been learning English for three weeks.
Depuis ou pendant + une durée : *for*
Pas de présent avec *for* : present perfect, simple ou progressif
To learn peut être régulier ou irrégulier
Pas d'article défini devant les noms de langues
Majuscule sur les noms de langues

10 Ils ne sont pas venus hier.
They did not /didn't come yesterday.
Preterite avec *yesterday* (action terminée et datée)
Négation du preterite : *did not* + base verbale

11 Le chat est dans le jardin. Ne le cherche pas.
The cat is in the garden. Don't look for it.
Négation de l'impératif 2ème pers. : *don't* + verbe
Chercher : *to look for*
Pronom pour un animal : *it* (sujet et comp.)

12 Je ne le connais pas.
I do not / don't know him.
Négation du présent simple : *don't* ou *doesn't* + verbe
Pronom personnel complément pour un homme : *him*

13 Elle est malade depuis deux jours.

She has been ill for two days.

Depuis ou pendant + une durée : *for*
Pas de présent avec *for* : present perfect (*to have* + p. passé)
To be est irrégulier

14 Tu ferais mieux de te dépêcher.

You'd better hurry up.

Faire mieux de : *had better* + base verbale

15 Vous devriez lui dire de venir plus tôt.

You should tell him / her to come earlier.

Devoir, au conditionnel : *should* + base verbale
Dire à qqn de : *to tell sby to*
Lui : *him* (homme), *her* (femme)
Comparatif d'un adjectif court : "*er*" sur l'adj.

16 La jupe grise était trop chère. J'ai acheté la noire.

The grey skirt was too expensive. I bought the black one.

Preterite pour traduire l'imparfait
Trop : *too*
To buy est irrégulier
"Jupe" remplacé par *one* pour éviter la répétition

17 Combien coûte ce pantalon ? - Deux cents euros.

How much are these trousers?
How much does these trousers cost? - Two hundred euros.

Combien, pour un prix : *how much*
Deux manières de demander un prix
La quantité étant précise, *hundred* est invariable

18 J'aimerais la rencontrer.

I would like to meet her.

Aimerais + infinitif : *would like to*
Pronom personnel complément pour une femme : *her*

19 Agatha écrit une lettre toutes les semaines.
Agatha writes a letter every week.
Présent pour une action habituelle : présent simple
"*s*" aux 3èmes pers. du sing. au présent simple
Toutes les (chaque) : *every* + un nom singulier

20 Ils n'avaient pas lu l'affiche.
They had not / hadn't read the poster.
Plus-que-parfait : plu-perfect (*had* + p. passé)
To read est irrégulier

21 Ses chaussures sont toujours sous le lit.
His / Her shoes are always under the bed.
Son, sa, ses : *his* (pour un homme), *her* (pour une femme)
L'adverbe de temps se place après *to be*

22 Vous pouvez garer votre voiture derrière l'hôtel.
You can park your car behind the hotel.
Pouvoir, au présent : *can* + base verbale
Votre, vos : *your*

23 Où est la banque la plus proche ?
Where is the nearest bank?
Où : *where*
Superlatif d'un adjectif court : *the* + "*est*" sur l'adj.
L'adjectif se place avant le nom
Near traduit aussi "près de"

24 Il habite en Belgique depuis qu'il a 15 ans.
He has lived in Belgium since he was 15 (years old).
He has been living in Belgium since he was 15.
Depuis que: *since*
Action dans le présent avec *since* : present perfect, simple ou progressif
Pas d'article devant les pays singuliers
Pour exprimer l'âge : *to be* + le nombre des années
Si on met *years*, on ajoute *old*
Ici, l'action est terminée : preterite

25 Nous n'aimons pas les plats épicés.
We do not / don't like spicy dishes.
Négation du présent simple : *don't* ou *doesn't* + verbe
Pas d'article défini devant les noms pluriels en général
L'adjectif se place avant le nom

26 Il est un des peintres les plus célèbres qui aient jamais vécu.
He is one of the most famous painters who have ever lived.
Un des : *one of* + pluriel
Superlatif d'un adjectif long : *the most* + adj.
Qui, pour une personne : *who*
Jamais, dans une phrase affirmative : *ever*

27 Chaque message doit être court.
Each / Every message must be short.
Chaque : *each* ou *every* + un nom singulier
Devoir, au présent : *must* + base verbale

28 Pourquoi ne peut-il pas venir ? (capacité)
Why can't he come?
Pouvoir, dans le sens de capacité : *can*
Not se met sur le modal

29 Pourriez-vous épeler votre nom, s'il vous plaît ?
Could you spell your name, please?
Pouvoir, au conditionnel : *could* + base verbale

30 Il n'a pas été autorisé à venir.
He was not allowed to come.
Permission : équivalent de *may* (*to be allowed to*)

31 Cette télévision coûte trois cent cinquante euros.
This TV-set costs / is three hundred and fifty euros.
Ce, cet, cette : *this*
Deux manières de traduire "coûter"
And après *hundred* en anglais britannique
La quantité est précise, *hundred* est invariable

32 Elle n'aime pas voyager.
She does not / doesn't like travelling.
Aimer + infinitif : *to like* + "*ing*" sur le verbe
Forme négative 3èmes pers. du sing. : *doesn't* + verbe

33 Je vais souvent à la piscine le dimanche.
I often go to the swimming-pool on Sundays.
To go to
L'adverbe de temps avant le verbe au présent simple
On devant les jours et majuscule sur le nom de jours
On Sunday : ce dimanche

34 Sais-tu si sa femme travaille ?
Do you know if his wife works?
Forme interrogative : auxiliaire + sujet + verbe
Do ou *does* pour l'interrogation au présent simple
Son, sa, ses (à lui) : *his*
Présent pour une action habituelle : présent simple
"*s*" aux 3èmes pers. du sing. du présent simple

35 Combien de frères et soeurs avez-vous ?
How many brothers and sisters do you have?
Combien de + un nom pluriel : *how many*

36 Où vivent tes parents ? - Les miens vivent à Rome.
Where do your parents live? - Mine live in Rome.
Forme interrogative au présent simple : auxiliaire *do*
Ton, ta, tes : *your*
Le mien, la mienne, les miens, les miennes : *mine*

37 Ils vont quelquefois au cinéma le samedi.
They sometimes go to the cinema on Saturdays.
To go to
Le verbe est à un temps simple, l'adverbe se place devant
On devant les noms de jours
Majuscule sur les noms de jours
On Saturday : ce samedi

38 A quelle distance est Grenoble de Paris ? - A environ cinq cents kilomètres.
How far is Grenoble from Paris? - About five hundred kilometres.

Pour les distances, le point de référence est introduit par *from* et le "à" ne se traduit pas
La quantité est précise, *hundred* est invariable

39 Il arrivera lundi à 8 heures.
He will arrive on Monday at 8 am.

Futur simple : *will* + base verbale (infinitif sans *to*)
On devant les jours et majuscule sur les noms de jours
At devant les heures
Pour les heures le matin : *am*

40 Dis-moi qui viendra avec eux.
Tell me who will come with them.

Impératif 2ème pers. du sing. : base vrebale
Dire (qqse) à qqn : *to tell* sby (sth)*
Qui, pour une personne : *who*
Eux (complément) : *them*

41 Ils se sont mariés en 1945.
They got married in 1945.

Action terminée et datée : preterite
En + une année : *in*
Lecture de la date : *19-45*

42 Mon mari a quarante ans.
My husband is forty (years old).

Pour exprimer l'âge : *to be* + le nombre d'années

43 Combien de temps resterez-vous ici ?
How long will you stay here?

Futur simple : *will* + base verbale (infinitif sans *to*)
Forme interrogative : pronom interrogatif + auxiliaire + sujet + verbe + compléments

44 Combien coûte ces chaussures ?
How much are these shoes?
How much do these shoes cost?
Combien, pour un prix : *how much*
Deux manières de traduire "coûter"
Ces: *these*

45 Je ne savais pas qu'il ne viendrait pas.
I did not / didn't know (that) he would not / wouldn't come.
Imparfait à traduire par un preterite
Le "que"(conjonction) peut être sous-entendu
Conditionnel présent : *would* + base verbale

46 J'aime peindre dans mon jardin.
I like painting in my garden.
Aimer + infinitif : *to like* + "*ing*" sur le verbe
Mon, ma, mes : *my*

47 John rentrera à la maison à 20h30.
John will come back home at 8.30 pm / half past eight.
Futur simple : *will* + base verbale (infinitif sans *to*)
rentrer à la maison : *to come* back home*
At devant les heures
L'anglais a 12 heures pour le matin et 12 pour l'après-midi
pm pour l'après-midi, *am* pour le matin

48 J'espère qu'il viendra demain.
I hope (that) he will come tomorrow.
Le "que" (conjonction) peut être sous-entendu
Futur simple : *will* + base verbale (infinitif sans *to*)

49 Personne ne sait où elle est.
Nobody knows where she is.
Personne : *nobody* dans une phrase affirmative
"*s*" aux 3èmes pers. du sing. du présent simple

50 Pourquoi n'est-il pas venu hier ? Etait-il malade ?
Why didn't he come yesterday? Was he ill?

Emploi du preterite avec *yesterday*
Forme interrogative : pronom interrogatif + auxiliaire + sujet + verbe + compléments
Auxiliaire du preterite : *did* + base verbale
Not sur l'auxiliaire pour traduire "ne … pas"

51 Je ne sais pas, je ne lui ai pas encore téléphoné.
I do not / don't know, I have not / haven't phoned him / her yet.

Négation du présent simple : *don't / doesn't* + base verbale
Passé composé, action non datée : present perfect
Present perfect : *to have* + participe passé
Téléphoner à qqn : *to phone sby*
Lui (homme) : *him*, lui (femme) : *her*
Pas ... encore : *not ... yet*

52 Tu ne devrais pas partir.
You should not / shouldn't leave.

Devoir, au conditionnel : *should* + base verbale

53 Pourquoi avait-il menti ?
Why had he lied?

Plus-que-parfait à traduire par un past perfect : *had* + p. passé

54 Elle aimerait que tu l'écoutes.
She would like you to listen to her.

Aimerais : *would like*
Jamais de *that* après *would like* mais une proposition infinitive : *would like sby to*
Ecouter qqn : *to listen to*
L', pour une femme : *her*

55 Je devrai apprendre mes leçons.
I will have to learn my lessons.

Futur de "devoir" dans le sens d'obligation : *will have to*

56 Elle est née en 1962.
She was born in 1962.
Action terminée et datée : preterite
Lecture de la date : *19-62*

57 Pourrais-tu m'aider ? Mes valises sont très lourdes.
Could you help me? My suitcases are very heavy.
Pouvoir, au conditionnel : *could* + base verbale
Me, m', moi : *me* (pas de mot à mot sur le français)
Mon, ma, mes : *my*
L'adjectif est invariable

58 Il ne sera pas autorisé à sortir ce soir.
He will not / won't be allowed to go out tonight.
Futur de "pouvoir" dans le sens de permission : *to be allowed to* au futur

59 Aimeriez-vous aller aux Etats-Unis ?
Would you like to go to the United States?
Aimerais + infinitif : *would like to*
To go to
The United States

60 Sa voiture est neuve. Il la lave tous les jours.
His car is new. He washes it every day.
Son, sa, ses (à lui) : *his*
Présent pour une action habituelle : présent simple
Le, la (pour une chose) : *it*
Tous les (chaque) : *every* + un nom singulier

61 La banque fermera à 16 heures.
The bank will close at 4 pm.
Futur simple : *will* + base verbale (infinitif sans *to*)
At devant les heures
L'anglais a 12 heures pour le matin (*am*) et 12 heures pour l'après-midi (*pm*)
4 pm : 16 heures moins 12

62 Il se peut qu'elle sache où ils sont.
She may know where they are.
Incertitude au présent : *may* (attention à la construction)

63 Nous ne savions pas qu'il ne voulait pas venir.
We did not / didn't know (that) he did not / didn't want to come.
Imparfait à traduire par un preterite
Le "que" (conjonction) peut être sous-entendu
Forme négative du preterite : *didn't* + base verbale
To want to

64 Il n'y a pas beaucoup d'arbres dans cette ville.
There are not a lot of / many trees in this town.
Il y a + un nom pluriel : *there are*
Beaucoup de + pluriel : *a lot of* ou *many*

65 Elle ne pourra pas aller au cinéma. (permission)
She will not / won't be allowed to go to the cinema.
Futur de "pouvoir" dans le sens de permission : *to be allowed to* au futur
To go to

66 Pourriez-vous traduire cette lettre ?
Could you translate this letter?
Pouvoir, au conditionnel : *could* + base verbale

67 Tu devras attendre. Il y a beaucoup de monde.
You will have to wait. There are a lot of people.
Futur de "devoir" dans le sens d'obligation : *will have to*
People est pluriel
Il y a + un nom pluriel : *there are*
Beaucoup de + un nom pluriel : *a lot of* ou *many*

68 Je ne sais pas où je passerai mes prochaines vacances.
I do not / don't know where I will spend my next holidays.
Négation du présent simple : *don't-doesn't* + base verbale
Futur simple : *will* + base verbale (infinitif sans *to*)

69 Nous aimerions qu'il vienne avec nous.
We would like him to come with us.
Aimerais : *would like*
Jamais de *that* après *would like* mais une proposition infinitive : "il" devient complément (lui) : *him*, pour un homme
Nous, complément : *us*

70 Elle n'avait jamais vu la mer.
She had never seen the sea.
Plus-que-parfait à traduire par un past perfect : *had* + p. passé
To see est irrégulier
Le verbe est à un temps composé, l'adverbe de temps se place après l'auxiliaire

71 Je ne peux pas te croire.
I cannot / can't believe you.
Pouvoir, au présent : *can* + base verbale
Not se met sur le modal
Te, t', toi : *you*

72 Elle aimerait que tu ailles chez le boucher.
She would like you to go to the butcher's.
Aimerais que qqn fasse : *would like sby to*
To go to
Cas possessif avec *shop* sous-entendu

73 Aucun magasin n'est ouvert le dimanche.
No shop is open on Sundays.
Aucun ... ne : *no* dans une phrase affirmative
On devant jours et majuscule sur les noms de jours
On Sunday : ce dimanche

74 Chaque élève doit avoir un cartable.
Each / Every pupil must have a school bag.
Chaque : *each* ou *every* + un nom singulier
Devoir, au présent: *must* + base verbale

75 Il avait cassé ses lunettes avant de partir.
He had broken his glasses before leaving.

Plus-que-parfait à traduire par un past perfect : *had* + p. passé
Son, sa, ses (à lui) : *his*
Avant de : *before* + "*ing*" sur le verbe

76 Pourquoi n'as-tu pas téléphoné ? Nous vous attendions.
Why didn't you phone? We were waiting for you.

Forme interrogative au preterite : pronom interrogatif + *did* ou *didn't* + sujet + verbe
Action qui durait dans le passé : preterite progressif (*to be* au preterite + "*ing*")
Attendre qqn : *to wait for sby*

77 Personne ne l'a vue.
Nobody has seen her.

Personne : *nobody* dans une phrase affirmative
Passé composé, action non datée : present perfect (*to have* + p. passé)
To see est irrégulier
L' (elle, complément) : *her*

78 Il n'y a pas de beurre dans le réfrigérateur.
There is not any / no butter in the fridge.

Il y a + un nom singulier : *there is*
Ne pas + un nom : *not any*, ou *no* dans une phrase affirmative

79 Ces vieux disques appartenaient à mon grand-père.
These old records belonged to my grandfather.

Ces : *these* (pluriel de *this*)
Imparfait à traduire par un preterite

80 Il était en train de téléphoner.
He was phoning.

Action en train de se dérouler dans le passé : preterite progressif (*to be* au preterite + "*ing*")

81 Je lui dirai lorsqu'il sera ici.
I will tell him when he is here.
Futur simple : *will* + base verbale (infinitif sans *to*)
Dire à qqn : *to tell sby*
Pas de futur après *when* : ici, présent simple

82 Il m'avait dit de ne pas attendre.
He had told me not to wait.
Plus-que-parfait à traduire par un plu-perfect : *had* + p. passé
Dire à qqn de : *to tell sby to*
To tell est irrégulier
Négation de l'infinitif : *not to*

83 Betty est en train de garer sa voiture.
Betty is parking her car.
L'action est en train de se dérouler : présent progressif
Son, sa, ses (à elle) : *her*

84 Elle vient de téléphoner.
She has just phoned.
Passé proche : *to have* + just + p. passé

85 Elle lisait lorsque nous sommes arrivés.
She was reading when we arrived.
Action qui durait dans le passé : preterite progressif (*to be* au preterite + "*ing*")
Action brève et terminée traduite par un preterite simple

86 Nous t'appellerons dès que nous serons à Londres.
We will call you as soon as we are in London.
Futur simple : *will* + (base verbale (infinitif sans *to*)
Pas de futur après *as soon as* : ici, présent

87 Il va pleuvoir. Le ciel est gris.
It is going to rain. The sky is grey.
Futur proche : *to be going to*

88 Il fait plus froid aujourd'hui.
It is colder today.
Comparatif d'un adjectif court : "*er*" sur l'adjectif

89 Quelle heure est-il ? - Il est 15h15.
What time is it? - It is 3.15 pm / a quarter past three (in the afternoon).
L'anglais a 12 heures pour le matin et 12 heures pour l'après-midi
3 *pm* : 15 heures moins 12

90 L'avion va décoller. Il est 9h50.
The plane is going to take off. It is 9.50 am / ten to ten (in the morning).
Futur proche : *to be going to*

91 Je n'aime pas la musique pop.
I do not / don't like pop music.
Forme négative au présent simple : *don't* ou *doesn't*
Pas d'article défini devant les activités humaines

92 S'il vient demain, nous jouerons au tennis.
If he comes tomorrow, we will play tennis.
"*s*" aux 3èmes pers. du sing. au présent simple
Futur simple : *will* + base verbale (infinitif sans *to*)
Pas d'article défini devant les noms de sports
To play tennis

93 Elle voyagera beaucoup lorsqu'elle aura un bon travail.
She will travel a lot when she has a good job.
Futur simple : *will* + base verbale
Pas de futur après *when* : ici, présent simple

94 Il ne lui avait pas téléphoné.
He had not / hadn't phoned him / her.
Plus-que-parfait : past perfect (*had* + p. passé)
Lui (homme) : *him*, lui (femme) : *her*

95 Sa poupée est cassée. Elle pleure.

Her doll is broken. She is crying.

Son, sa, ses (à elle) : *her*
To break est irrégulier
Présent pour une action en train de se dérouler : présent progressif

96 Elle aura 20 ans en octobre.

She will be 20 (years old) in October.

Pour exprimer l'âge : to be + le nombre des années
Si on met *years*, on ajoute *old*
Majuscule sur les noms de mois

97 Nous jouerions dans le jardin s'il ne pleuvait pas.

We would play in the garden if it didn't rain.

Conditionnel présent : *would* + base verbale
Imparfait après "si" à traduire par un preterite
Négation du preterite : *didn't* + base verbale

98 Tous nos meilleurs amis sont ici.

All our best friends are here.

Notre, nos : *our*
Superlatif irrégulier

99 Ce n'est pas le mien. C'est le tien.

It is not / isn't mine. It is yours.

Le mien, la mienne, les miens, les miennes : *mine*
Le tien, la tienne, les tiens, les tiennes : *yours*

100 C'est le meilleur film que j'ai jamais vu.

It is the best film (that) I have ever seen.

Superlatif irrégulier
Pas d'autre pronom relatif que *that* après un superlatif
Jamais, dans une phrase affirmative : *ever*
Passé composé, action non datée : present perfect (*to have* + p. passé)
To see est irrégulier

101 Ne bois pas autant.
Don't drink so much.
Négation de l'impératif 2ème pers. du sing. : *don't* + base verbale
Autant (+ indénombrable) : *so much*

102 Quel âge a-t-il ? - Il aura 54 ans le mois prochain.
How old is he? - He will be 54 (years old) next month.
Pour exprimer l'âge : *to be* + les années
Etre, au futur : *will be*
Le mois prochain : *next month* (pas de *the*)

103 Elle n'est pas aussi grande que lui.
She is not so / as tall as he (is).
Comparatif d'inégalité : *not so / not as* + adj. + *as*
"Lui" ici est sujet

104 Je viens de manger une pomme.
I have just eaten an apple.
Passé proche : to *have* + *just* + p. passé
To eat est irrégulier
Un, une : *an* s'il est suivi d'une voyelle

105 Lyon est plus grande que Marseille.
Lyon is bigger than Marseille.
Comparatif de supériorité d'un adj. court : "*er*" sur l'adj.
"Que" du comparatif de supériorité : *than*
Redoublement de la consonne finale pour *big*

106 Il y a trop de voitures aujourd'hui.
There are too many cars today.
Il y a + un nom pluriel : *there are*
Trop de + un nom pluriel : *too many*

107 Il se peut qu'il neige demain.
It may snow tomorrow.
May traduit l'incertitude (attention à la construction)

108 Je préférerais marcher.
I would prefer to walk.
I would rather walk.
Préfèrerais : *would prefer to* ou *would rather* + base verbale

109 Il a plu la semaine dernière.
It rained last week.
Action terminée et datée : preterite
La semaine dernière : *last week* (pas de *the*)

110 Il n'est pas encore arrivé.
He has not / hasn't arrived yet.
Present perfect : *to have* + p. passé (quel que soit l'auxiliaire employé en français)
Pas encore : *not yet*

111 Je lui dirai dès que je la verrai.
I will tell her as soon as I see her.
Futur simple : *will* + base verbale (infinitif sans *to*)
Dire à qqn : *to tell sby*
Lui, à elle, la (complément) : *her*
Pas de futur après *as soon as* : ici, présent simple

112 Il n'y a pas de brouillard aujourd'hui.
There is not any / no fog today.
Il y a + un nom singulier : *there is*
Ne pas + un nom : *not any* ou *no* dans une phrase affirmative

113 Ils habitent à New York depuis 1986.
They have lived / have been living in New York since 1986.
Depuis + une date: *since*
Pas de présent avec *since* : present perfect, simple ou progressif
Lecture de la date : *19-86*

114 Nous regardions la télévision.
We were watching television.
Action qui durait dans le passé : preterite progressif (*to be* au preterite + "*ing*")
Pas d'article défini devant *television*

115 Il a neigé il y a trois jours.
It snowed three days ago.
Il y a + une notion de temps : *ago*
Toujours le preterite avec *ago*

116 J'habite à Paris depuis quatre ans.
I have lived in Paris for four years.
I have been living in Paris for four years.
Depuis ou pendant + une durée : *for*
Pas de présent avec *for* : present perfect, simple ou progressif

117 Je ne suis jamais allé en Grèce.
I have never gone to Greece.
Passé composé, action non datée : present perfect
Le verbe est à un temps composé, l'adverbe de temps se place après l'auxiliaire
To go to
Pas d'article devant les noms de pays singuliers

118 Il aimerait se marier avec elle.
He would like to get married to her.
Aimerais + infinitif : *would like to* + infinitif
Elle, complément : *her*

119 Elle est en train de jouer avec ses enfants dans le salon.
She is playing with her children in the living-room.
Action en train de se dérouler : présent progressif
Son, sa, ses (à elle) : *her*
Children : pluriel irrégulier de *child*

120 Qui est cet homme ? Je ne le connais pas.
Who is this man? I do not / don't know him.
Forme négative au présent simple : *don't* ou *doesn't*
Le (homme), complément : *him*

121 Il travaille tous les jours.
He works every day.
Présent pour une action habituelle : présent simple
"*s*" aux 3èmes pers. du sing. du présent simple
Tous les (chaque) : *every* + un nom singulier

122 Où iras-tu demain ?
Where will you go tomorrow?
Futur simple : *will* + base verbale
Forme interrogative : pronom interrogatif + auxiliaire + sujet + verbe

123 Elle apprend l'allemand depuis deux ans.
She has learned / learnt German for two years.
She has been learning German for two years.
Depuis ou pendant + une durée : *for*
Pas de présent avec *for* : present perfect, simple ou progressif
To learn peut être régulier ou irrégulier
Pas d'article défini devant les noms de langues
Majuscule sur les noms de langues

124 Il a habité à Madrid pendant dix ans.
He lived in Madrid for ten years.
Pendant + une durée : *for*
Action terminée avec *for* : preterite

125 La fille qui attend le bus est ma cousine.
The girl who is waiting for the bus is my cousin.
Qui, pour une personne : *who*
Action en train de se dérouler : présent progressif
Attendre qqn : *to wait for sby*

126 Commençons maintenant !
Let's start now!
Impératif 1ère pers. du pluriel : *let's* + base verbale

127 Son père (à lui) est médecin.
His father is a doctor.
Son, sa, ses (à lui) : *his*
Article indéfini devant les noms de métiers

128 Ne lui dis pas que j'étais en retard.
Don't tell him / her (that) I was late.
Impératif forme négative à la 2ème pers. du sing. : *don't* + base verbale
Le "que" (conjonction) peut être sous-entendu
Imparfait à traduire par un preterite

129 Le chien qui est à côté des enfants n'est pas à eux.
The dog which is next to the children is not / isn't theirs.
Qui, pour une chose ou un animal : *which*
Children : pluriel irrégulier de *child*
A eux, pronom possessif : *theirs*

130 A qui est ce stylo ? - C'est celui de Betty.
Whose pen is it? - It is Betty's.
Whose is this pen?
Pronom interrogatif pour la possession : *whose*
Cas possessif : le possesseur + *'s* + la chose possédée

131 Je devrais manger moins de chocolat.
I should eat less chocolate.
Devoir, au conditionnel : *should* + base verbale
Moins de + indénombrable : *less*

132 Ils sont en train de jouer au golf.
They are playing golf.
Action en train de se dérouler : présent progressif
Pas d'article défini devant les noms de sports

133 Ce n'est pas le nôtre. Je ne sais pas à qui il est.
It is not / isn't ours. I do not / don't know whose it is.
Pronom personnel pour une chose : *it*
Le nôtre, la nôtre, les nôtres : *ours*
Forme négative au présent simple : *don't* ou *doesn't*

134 Partons ! Il est déjà 23 heures.
Let's go! It is already 11 pm.
Impératif 1ère pers. du pluriel : *let's* + base verbale
L'anglais a 12 heures pour le matin et 12 pour l'après-midi
11 pm : 23 heures moins 12
pm pour l'après-midi, *am* pour le matin

135 Combien de temps est-il resté ?
How long did he stay?
L'action est terminée : preterite. Surtout pas de present perfect avec *how long*) qui traduirait un présent, comme avec *for* et *since*)
Forme interrogative au preterite : auxiliaire *did*

136 Elle écoute la radio tous les jours.
She listens to the radio every day.
Présent pour une action habituelle : présent simple
"*s*" aux 3èmes pers. du sing. au présent simple
Ecouter qqn : *to listen to sby*
The radio

137 Mes dernières vacances étaient formidables. J'adore pêcher.
My last holidays were wonderful. I love fishing.
Imparfait à traduire par un preterite
Adjectif invariable, jamais de "*s*"
Adorer + infinitif : *to love* + "*ing*" sur le verbe

138 Ma soeur est secrétaire.
My sister is a secretary.
Article indéfini devant les noms de métiers

139 Notre cuisine est aussi grande que la vôtre.
Our kitchen is as large as yours.
Notre, nos : *our*
Comparatif d'égalité : *as* + adjectif + *as*
Le vôtre, la vôtre, les vôtres : *yours*

140 Prenons nos parapluies !
Let's take our umbrellas!
Impératif 1ère pers. du pluriel : *let's* + base verbale

141 Il est rentré des Etats-Unis il y a deux semaines.
He came back from the United States two weeks ago.
Il y a + une notion de temps : *ago*
Toujours le preterite avec *ago*
To come est irrégulier
The U.S.A.

142 Lave-toi les mains avant de manger !
Wash your hands before eating!
Impératif 2ème pers. du sing. : base verbale
Pas de mot à mot pour "se laver"
Avant de : *before* + "*ing*" ou un nom

143 Leur frère vit en Irlande depuis 1990.
Their brother has lived / has been living in Ireland since 1990.
Leur, leurs : *their*
Depuis + une date : *since*
Pas de présent avec *since* : present perfect, simple ou progressif
Pas d'article devant les noms de pays singuliers

144 Notre appartement est plus petit que le leur.
Our flat is smaller than theirs.
Comparatif de supériorité d'un adjectif court : "*er*" sur l'adj. + *than*
Le leur, la leur, les leurs : *theirs*

145 Nous aimerions aller à l'étranger l'année prochaine.
We would like to go abroad next year.
Aimerais + infinitif : *would like to*
L'année prochaine : *next year* (pas *the*)

146 Nous aimons lire ce journal français.
We like reading this French (news)paper.
Aimer + infinitif : *to like* + "*ing*" sur le verbe
L'adjectif se place avant le nom
Majuscule sur les adjectifs de nationalité

147 Elle t'écoute.
She is listening to you.
Action en train de se dérouler : présent progressif
Ecouter qqn : *to listen to sby*
Tu, te, t', toi : *you*

148 Il lui avait dit de venir.
He had told him / her to come.
Plus-que-parfait : past perfect (*had* + p. passé)
Dire à qqn de : *to tell sby to*
Lui (homme) : *him*, lui (femme) : *her*

149 Elle pourra rester.
She will be able to stay.
She will be allowed to stay.
Can (capacité), au futur : *will be able to*
May (permission), au futur : *to be allowed to*

150 Ils ont planté des fleurs devant leur maison la semaine dernière.
They planted (some) flowers in front of their house last week.
Action terminée et datée : preterite
Des : *some* ou pas d'article
Leur, leurs : *their*
La semaine dernière : *last week* (pas *the*)

151 Je suis désolé, nous ne vendons pas de timbres.
I am sorry, we sell no / don't sell any stamps.
Ne .... pas + un nom : *no* dans une phrase affirmative ou *not* sur l'auxiliaire + *any*

152 Je dois lui téléphoner (à elle) pour l'inviter.
I must phone her to invite her.
Devoir, au présent : *must*
Téléphoner à : *to phone*
A elle, complément : *her*
Pour + un verbe (but) : *to* + verbe

153 Elle a l'habitude de conduire vite.
She is used to driving fast.
Habitude dans le présent : *to be used to* + "*ing*"

154 Combien de temps resterez-vous en Italie ?
How long will you stay in Italy?
Forme interrogative au futur simple : pronom interrogatif + *will* + sujet + verbe + compléments
Pas d'article devant les noms de pays singuliers

155 A qui est cette voiture rouge ? - Elle est à mon père.
Whose is this red car? - It is my father's.
L'adjectif se place devant le nom
Elle, pour une chose : *it*
Cas possessif : le possesseur + *'s* + la chose possédée

156 Merci d'avoir appelé.
Thank you for calling.
Prépositions suivies du gérondif

157 Nous avons l'habitude de nous lever à 6 heures du matin.
We are used to getting up at 6 in the morning.
Habitude dans le présent : *to be used to* + "*ing*"
At devant les heures
In devant les espaces-temps

158 Je ne l'ai pas vu depuis trois ans.
I have not / haven't seen him for three years.
Depuis ou pendant + une durée : *for*
L'action continue dans le présent avec *for* : present perfect
Present perfect progressif impossible avec *to see*
To see est irrégulier

159 Tu devrais lui parler. Elle est en colère.
You should speak to her. She is angry.
Devoir, au conditionnel : *should* + base verbale
Parler à : *to speak to*
Lui, à elle : *her*

160 Plus de trois cents personnes sont venues à leur soirée hier.
More than three hundred people came to their party yesterday.
Plus de: *more than*
La quantité étant précise, *hundred* est invariable
Emploi du preterite avec *yesterday*
Leur, leurs : *their*

161 Des milliers de personnes viennent ici tous les ans.
Thousands of people come here every year.
La quantité n'étant pas précise, *thousand* prend un "*s*"
Présent pour une action habituelle : présent simple

162 J'aime ces chaussures jaune. Je vais les acheter.
I like these yellow shoes. I am going to buy them.
Ces : *these*
L'adjectif se place avant le nom
Futur proche : *to be going to*
Les, complément : *them*

163 Il fallait qu'elle parte.
She had to leave.
= Elle devait partir
Preterite de "devoir" dans le sens d'obligation : *had to*

164 Il est venu hier. Il n'y avait personne.
He came yesterday. There was nobody.
There wasn't anybody.
Emploi du preterite avec *yesterday*
To come est irrégulier
Il y a + un nom singulier : *there is*, à mettre au preterite
Personne : *nobody* à la forme affirmative ou *not anybody*

165 Je pense qu'il est encore ici. Frappe à la porte.
I think (that) he is still here. Knock at the door.
That (conjonction) peut être sous-entendu
Encore, dans le sens de « toujours » : *still*
Place de l'adverbe après *to be*
Impératif 2ème pers. du sing. : base verbale

166 Nous aimons voyager en train.
We like travelling by train.
Aimer + infinitif : *to like* + "*ing*"
Redoublement de la consonne finale sur *travel*
En train, bus, voiture, avion : *by*

167 As-tu besoin d'acheter une nouvelle voiture ?
Do you need to buy a new car?
Avoir besoin de : *to need*
Auxiliaire de l'interrogation au présent simple : *do* ou *does*

168 Tout lui fait peur (à elle) la nuit.
Everything frightens her at night.
Everything + un verbe au singulier ("*s*" au présent simple)
Faire peur à : *to frighten*
La nuit : *at night*

169 Que fait-elle ? - Elle joue du piano.
What is she doing? - She is playing the piano.
Etre en train de, au présent : présent progressif
Forme interrogative : pronom interrogatif + auxiliaire + sujet + verbe
Article défini devant les noms d'instruments de musique

170 Il se pourrait qu'il neige.
It might snow.
Incertitude au conditionnel : *might* (attention à la construction)

171 Le petit-déjeuner est servi de 7 à 9 heures.
Breakfast is served from 7 to 9.
Pas d'article devant les noms de repas
De ... à ... : *from ... to...*

172 Nous ne connaissons pas la raison de son retard.
We do not / don't know the reason for his / her delay.
Forme négative du présent simple : *don't* ou *doesn't* + base verbale
La raison de : *the reason for*
Son, sa, ses : *his* (pour un homme), *her* (pour une femme)

173 Il n'a pas pu réparer la voiture.
He has not / hasn't been able to repair the car.
Present perfect : *to have* + p. passé
Present perfect de « pouvoir » dans le sens de capacité (*can*) : *to be able to*

174 Ce livre n'est pas aussi intéressant.
This book is not as / so interesting.
Comparatif d'inégalité : *not so* / *not as* + adj.

175 Elle a continué à pleurer malgré les bonbons.
She went on / kept crying in spite of / despite the sweets.
Continuer à : *to go on* ou *to keep* + "*ing*"

176 A mon avis, il se peut qu'ils viennent à 17 heures.
To my mind they may come at 5 pm.
Incertitude au présent : *may* (attention à la construction)
At devant les heures
5 pm : 17 heures moins 12

177 Ils plantent des milliers de fleurs dans les parcs de cette ville chaque année.
They plant thousands of flowers in the parks of this town every year.

Présent pour une action habituelle : présent simple
La quantité n'est pas précise, *thousand* prend un "*s*"
"Les parcs de cette ville" ne se traduit pas par un cas possessif mais avec *of*

178 Elle devait lui donner (à lui) son avis.
She had to give him her opinion.

"Devoir" dans le sens d'obligation, au passé : *had to*
Donner qqse à qqn : *to give sby (sth)*
A lui (homme) : *him*
Son, sa, ses (à elle) : *her*

179 Tu ferais mieux de faire tes devoirs.
You had better do your homework.

Faire mieux de : *had better* + base verbale
Homework ne prend pas de "*s*"

180 S'il pleut demain, nous resterons à la maison.
If it rains tomorrow, we will stay at home.

"*s*" aux 3èmes pers. du sing. du présent simple
Futur simple : *will* + base verbale
A la maison : *at home*

181 Elle nous a remerciés pour notre cadeau.
She thanked us for our present.

Nous, complément : *us*
Remercier qqn de : *to thank sby for*
Notre, nos : *our*

182 Il ne nous a pas dit qu'il avait eu un accident.
He did not / didn't tell us (that) he had an accident.

Forme négative du preterite: *didn't* + base verbale
Dire à qqn : *to tell sby*

183 Pourriez-vous faire un gâteau ? Je les adore.
Could you bake a cake? I love them.
Can, au conditionnel : *could*
Les, complément : *them*

184 Nous ne savons pas si nous irons aux Etats-Unis l'année prochaine.
We do not / don't know if we will go to the United States next year.
Négation du présent simple : *don't* ou *doesn't* + base verbale
Futur simple : *will* + base verbale
To go to
Article défini devant *U.S.A.*
L'année prochaine : *next year*

185 Il n'y a pas de fauteuil. Ils devront s'assoir sur le canapé.
There is no armchair. They will have to sit on the sofa.
Il y a + un nom singulier : *there is*
Ne … pas + un nom *: no* dans une phrase affirmative
Devoir, au futur : *will have to*

186 Elle devrait travailler moins.
She should work less.
Devoir, au conditionnel : *should*
Moins (+ indénombrable) : *less*

187 Il m'a prêté cinq cents euros il y a deux jours.
He lent me five hundred euros two days ago.
Il y a + une notion de temps : *ago*, avec le preterite
To lend est irrégulier
La quantité est précise, *hundred* est invariable

188 Ma voiture n'est jamais tombée en panne.
My car has never broken down.
Ne ... jamais : *never*
Passé composé avec " ne… jamais" : present perfect
To break est irrégulier

189 Je le connais depuis 1991.
I have known him since 1991.
Depuis + une date : *since*
Pas de présent avec *since* : present perfect
Present perfect progressif impossible sur *to know*
Le, lui : *him*
Lecture de la date : *19-91*

190 Qu'aimerais-tu savoir d'autre ?
What else would you like to know?
Quoi d'autre : *what else*
Aimerais + infinitif : *would like to*
Forme interrogative : pronom interrogatif + auxiliaire + sujet + verbe

191 Les Johnson vivent dans un petit village près de Lille.
The Johnsons live in a small village near Lille.
Famille au complet : *the* + "*s*" sur le nom
Près de : *near*

192 Il y a trop de tableaux sur ce mur.
There are too many paintings on this wall.
Il y a + un nom pluriel : *there are*
Trop de + un nom pluriel : *too many*

193 Il boit trop d'alcool.
He drinks too much alcohol.
Présent pour une action habituelle : présent simple
"*s*" aux 3èmes personnes du singulier du présent simple
Trop de + indénombrable : *too much*

194 Cette maison a été construite en 1925.
This house was built in 1925.
Action terminée et date : preterite
Forme passive : *to be* + p. passé
Preterite de "être" (a été) : *was / were*
Lecture de la date : *19-25*

195 L'école n'est pas loin de la poste.
The school is not far from the post-office.
Loin de : *far from*

196 Ils ont l'habitude de jouer ensemble.
They are used to playing together.
Habitude dans le présent : *to be used to* + "*ing*"

197 Il n'a pas pu les aider.
He has not / hasn't been able to help them.
Pouvoir, au sens de capacité (*can*) au present perfect : *to be able to*
Les, complément : *them*

198 Il devrait partir plus tôt.
He should leave earlier.
Devoir, au conditionnel : *should*
Comparatif de supériorité d'un adj. court : "*er*" sur l'adj.

199 Il y a moins de maisons ici.
There are fewer houses here.
Il y a + un nom pluriel : *there are*
Moins de + un nom pluriel : *fewer*

200 Elle espère qu'elle aura moins de travail à faire demain.
She hopes (that) she will have less work to do tomorrow.
" Que" conjonction (*that*) peut être sous-entendu
Futur simple : *will* + base verbale
Moins de + indénombrable : *less*

201 Ne prends pas le plus gros gâteau !
Don't take the biggest cake!
Forme négative de l'impératif 2ème pers. du sing. : *don't* + base verbale
Superlatif d'un adjectif court : *the* + adj-*est*
Redoublement de la consonne finale sur *big*

202 Ma soeur, qui habite en Belgique, a deux enfants.
My sister, who lives in Belgium, has two children / kids.

Qui, pour une personne : *who*
" *s*" sur le verbe à la 3ème pers. du sing. du présent simple
Pas d'article défini devant les noms de pays singuliers

203 Combien de chaussures as-tu ?
How many shoes do you have?
How many shoes have you got?

Combien de + un nom pluriel : *how many*
La possession se traduit de deux manières

204 Il est né le 21 mai 1985.
He was born on 21st May / May 21st 1985.

Preterite pour "être né"
On devant les dates
21 prend *st*
Deux manières d'écrire la date
Lecture de la date : *the twenty first of May*

205 Il y a trop de fautes.
There are too many mistakes.

Il y a + un nom pluriel : *there are*
Trop de + un nom pluriel : *too many*

206 Je ne savais pas qu'il ne viendrait pas.
I did not / didn't know (that) he would not / wouldn't come.

Négation du preterite : *didn't* + base verbale
Que (conjonction) peut être sous-entendu
Conditionnel : *would* + base verbale (*not* sur l'auxiliaire)

207 Il se peut qu'elle soit en retard.
She may be late.

Incertitude traduite par *may* + base verbale (attention à la construction)
Etre en retard : *to be late*

208 Cette chemise est trop chère.
This shirt is too expensive.
Trop : *too*

209 Il se pourrait qu'ils viennent ce soir.
They might come tonight.
Conditionnel de *may* (incertitude) : *might* + base verbale (attention à la construction)
Ce soir : *tonight* (GB) ou *this evening* (US)

210 Je viens de téléphoner à ma sœur.
I have just phoned my sister.
Passé proche : *to have* + *just* + p. passé
Téléphoner à : *to phone*

211 Je n'ai pas encore acheté le livre.
I have not / haven't bought this book yet.
Pas encore : *not yet*
Present perfect avec *not yet* pour traduire un passé composé
To buy est irrégulier

212 La jupe est plus chère que la robe.
The skirt is more expensive than the dress.
Comparatif de supériorité d'un adjectif long : *more* + adj. + *than*

213 C'est Peter, n'est-ce pas ?
He is Peter, isn't he?
Traduction de "n'est-ce pas" : auxiliaire à la forme inversée + pronom

214 Il se peut qu'ils ne viennent pas.
They may not come.
Incertitude traduite par *may* + base verbale (attention à la construction)
Not se met après *may* (auxiliaire modal)

215 Elle viendrait si tu l'invitais.
She would come if you invited him / her.
Conditionnel : *would* + base verbale
Conditionnel dans la principale, preterite après *if* pour traduire l'imparfait

216 Les Anglais boivent beaucoup de thé.
English people / The English drink a lot of tea.
Les Anglais : *English people* ou *the English*
Beaucoup de : *a lot of*

217 J'ai dormi pendant douze heures.
I slept for twelve hours.
Pendant + une durée : *for*
Action terminée avec *for* : preterite
To sleep est irrégulier

218 Il y a peu de fautes.
There are few mistakes.
Peu de + un nom pluriel : *few* + pluriel

219 Vos renseignements étaient utiles.
Your information was useful.
Renseignements : *information* (nom collectif singulier)
Nom collectif singulier suivi d'un verbe au singulier
Preterite de "être" à la 3ème pers. du sing. : *was*

220 Il y a trop de sucre.
There is too much sugar.
Trop de + indénombrable : *too much*

221 Je n'ai jamais vu une telle maison.
I have never seen such a house.
Ne … jamais : *never*
Present perfect avec *never* pour traduire un passé composé
To see est irrégulier
Un(e) tel(le) + nom : *such a* + nom

222 Peu de gens sont venus hier.
Few people came yesterday.
Preterite avec *yesterday*
To come est irrégulier
Peu de + un nom pluriel : *few* + pluriel
People (gens) est un nom pluriel

223 Pourrais-tu m'aider ?
Could you help me?
Pouvoir, au conditionnel (demande polie) : *could* + base verbale

224 Pourquoi n'es-tu pas venu hier ?
Why didn't you come yesterday?
Peterite avec *yesterday*
Forme négative du preterite : *didn't* + base verbale
Forme inerrogative : pronom interrogatif + auxiliaire + sujet + verbe + compléments

225 Je trouve ce livre moins intéressant.
I find this book less interesting.
Moins : *less*

226 Cette voiture coûte dix mille euros.
This car is / costs ten thousand euros.
La quantité est précise, *thousand* est invariable

227 Il se peut qu'il travaille demain.
He may work tomorrow.
May traduit l'incertitude (attention à la construction)

228 Il n'arrête jamais de parler.
He never stops speaking.
Arrêter de : *to stop* + "*ing*"
Présent pour une action habituelle : présent simple
"*s*" sur le verbe à la 3ème pers. du sing. du présent simple
L'adverbe de temps avant le verbe au présent simple

229 Elle pourra traduire la lettre.
She will be able to translate the letter.
Futur de "pouvoir" dans le sens de capacité (*can*) : *will be able to*

230 Il n'y a pas assez de place.
There is not / isn't enough space.
De la place : *space*
Il y a + un nom indénombrable : *there is*
Assez de : *enough*

231 Ils avaient reçu une carte postale d'Australie.
They had received a postcard from Australia.
Past perfect : *had* + participe passé
Pas d'article défini devant les noms de pays singuliers
La provenance se traduit par *from*

232 Vous devrez arriver à 8 heures.
You will have to arrive at 8.
Devoir, au futur : *will have to*

233 L'avion vient d'atterrir .
The plane has just landed.
Passé proche : *to have* + just + p. passé

234 Celui-ci est moins cher.
This one is cheaper / less expensive.
Moins + adjectif : *less*
Pas cher : *cheap*
Comparatif d'un adjectif court : "*er*" sur l'adjectif

235 Ils avaient déjà mangé.
They had already eaten.
Past perfect : *had* + p. passé
To eat est irrégulier
Place de l'adverbe de temps après l'auxiliaire

236 Tu es trop jeune pour comprendre.
You are too young.
Trop + adjectif : *too*
Pour + verbe : *to*

237 J'aime beaucoup les Américains.
I like American people / the Americans a lot / very much.
Les Américains : *American people* ou *the Americans*
Beaucoup aimer qqse : *to like sth very much* ou *a lot*

238 Tu les connais, n'est-ce pas ?
You know them, don't you?
Les, complément : *them*
Traduction de "n'est-ce pas" : auxiliaire à la forme inversée + pronom

239 Le livre n'est pas aussi intéressant que le film.
The book is not as interesting as the film.
Comparatif d'inégalité : *not as* + adjectif + *as*

240 C'est plus difficile à comprendre.
It is more difficult to understand.
Comparatif d'un adjectif long : *more* + adjectif

241 Le canapé mesure 2,50 mètres de long.
The sofa is 2.50 metres long.
Mesurer : *to be* + mesure + *long* longueur), *wide* (largeur), *deep* (profondeur, *high* ou *tall* (hauteur)
La virgule française est un point en anglais

242 Quel joli jardin !
What a nice garden!
Exclamation : *what a* + adjectif + nom

243 Tu parles très bien anglais.
You speak English very well.
L'adverbe de manière se place après les compléments

244 J'aimerais visiter les Pays-Bas.
I would like to visit the Netherlands.
Aimerais + infinitif : *would like to*
The Netherlands

245 Elle écrit quelquefois.
She sometimes writes.
Présent pour une action habituelle : présent simple
"*s*" sur le verbe à la 3ème pers. du sing. du présent simple
L'adverbe de temps avant le verbe au présent simple

246 Ne bois pas autant de café !
Don't drink so much coffee!
Négation de l'impératif 2ème pers. du sing. : *don't* + base verbale
Autant de + indénombrable : *as much* + indénombrable
Pas autant de + indénombrable : *not as much* + indénombrable

247 Il était déjà ici.
He was already here.
Etre, au preterite : *was* ou *were*
L'adverbe de temps se place après *to be*

248 Ces fleurs sont très jolies, n'est-ce pas ?
These flowers are very nice, aren't they?
Ces : *these*
Traduction de "n'est-ce pas" : auxiliaire à la forme inversée + pronom

249 Elle dort depuis minuit.
She has slept / has been sleeping since midnight.
Depuis + une date : *since*
Pas de présent avec *since* : present perfect, simple ou progressif
To sleep est irrégulier

250 Je vais à la piscine deux fois par semaine.
I go to the swimming-pool twice a week.
Présent pour une action habituelle : présent simple
Deux fois par : *twice a*

POUR VOUS AIDER A FAIRE LE POINT

Je ne fais plus de fautes sur

l'article *a* et *an*	☐
l'article *the*	☐
les pronoms personnels sujet	☐
les pronoms personnels complément	☐
le nom au pluriel	☐
les noms collectifs singuliers	☐
les noms dénombrables et indénombrables	☐
le cas possessif	☐
les adjectifs possessifs	☐
l'adjectif épithète	☐
le comparatif de supériorité	☐
le comparatif d'infériorité	☐
le comparatif d'égalité	☐
le comparatif d'inégalité	☐
le superlatif	☐
le présent simple	☐
le présent progressif	☐
le futur	☐
le futur proche	☐
le preterite	☐
les verbes irréguliers	☐
le present perfect	☐
le passé proche	☐
le conditionnel	☐
l'impératif	☐
le past perfect	☐
can et son équivalent	☐

must et son équivalent ☐
may et son équivalent ☐
la forme négative ☐
la forme interrogative ☐
les pronoms interrogatifs ☐
la place de l'adverbe de temps ☐
la place de l'adverbe de manière ☐
l'heure ☐
les prépositions de temps ☐
les prépositions de lieu ☐
ago + preterite ☐
la différence entre *for* et *since* ☐
les temps employés avec *for* et *since* ☐
aimer faire qqse ☐
vouloir que qqn fasse ☐
who et *which* ☐
beaucoup de ☐
quelques ☐
moins de ☐
trop de ☐
l'habitude dans le présent ☐
le redoublement de la consonne finale ☐

Vous trouverez toutes les leçons concernant ces points de grammaire dans "Anglais débutant - Grammaire" et "Anglais intermédiaire - Grammaire"

2EME PARTIE

Les phrases corrigées avec renvois au point de grammaire

LES ENONCES

251 Il n'a pas pu répondre.

252 J'ai mangé du pudding il y a deux jours.

253 Il a dû garer sa voiture.

254 Combien d'arbres y a-t-il devant ta maison ?

255 Je devrai acheter une nouvelle voiture l'année prochaine.

256 Elle ne sait pas utiliser cet ordinateur.

257 Pourquoi n'achètes-tu pas ce livre ?

258 Il doit acheter une nouvelle chemise samedi.

259 Il écoute la radio.

260 Il écoute la radio tous les soirs.

261 Il écoute la radio depuis 14 heures.

262 Elles veulent partir.

263 J'attends le bus.

264 Nous passerons nos vacances en Allemagne.

265 Ce n'est pas la leur, c'est la mienne.

266 Ils ont vendu leur voiture noire hier.

267 Il connaissait mon numéro de téléphone.

268 Je ne connaissais pas son adresse.

269 Ils viennent de boire un verre de vin.

270 Ils jouent au tennis depuis une demi-heure.

271 Ils achèteront un chien quand ils auront une maison.

272 Regarde ! Il neige.

273 Je n'ai jamais joué au golf.

274 Je le vois tous les vendredis.

275 Cette chaise est la plus confortable.

276 Elle porte ces chaussures chaque fois qu'elle sort.

277 Tu devrais lire ce journal anglais.

278 Ils vont se marier.

279 Elle vient de finir ses devoirs.

280 Ils sont allés à Paris hier.

281 A qui est ce stylo ? - C'est celui de Betty.

282 Où passeras-tu tes vacances ? - Je ne sais pas encore.

283 Leurs enfants ont 5 et 10 ans.

284 Il nous téléphonera dès qu'il sera à la gare.

285 La soupe est trop chaude. Il ne peut pas la manger.

286 Je trouve l'allemand plus difficile que l'anglais.

287 J'aime peindre.

288 Il est arrivé il y a dix minutes.

289 Je n'ai jamais visité ce musée.

290 Je pourrai t'aider la semaine prochaine.

291 Il se peut qu'il vienne.

292 Ce n'est pas le tien, c'est celui de John.

293 Je les connais depuis 1990.

294 A quelle heure servez-vous le diner ?

295 Il y a trop d'insectes dans l'herbe.

296 Prends sa valise, elle est plus lourde que la mienne.

297 Il n'a pas assez d'argent pour acheter cette chemise bleue.

298 Il devrait venir à la soirée.

299 Nous aimerions prendre le petit déjeuner.

300 Elle parle trop. Elle ennuie tout le monde.

301 Combien de temps resteras-tu chez Peter ?

302 Le Missisipi est le plus long fleuve des Etats-Unis.

303 Cet exercice est aussi facile que l'autre.

304 J'ai l'habitude de rester au bureau tard le soir.

305 Combien d'enfants avez-vous ?

306 Il y a quelques pommes sur la table.

307 Cette chaise est trop haute pour lui.

308 Les Américains sont en général très sympathiques.

309 J'aime mieux l'hiver que l'automne.

310 Mon fils n'aime pas jouer au football.

311 Je ne sais pas encore qui viendra.

312 Prenons nos voitures. Il se peut que leur maison soit loin de l'arrêt de bus.

313 Il était allé au marché.

314 L'ami de mon voisin est boucher.

315 Venez quand vous aurez le temps.

316 Il m'a dit hier de venir mercredi.

317 Ma soeur est secrétaire en Espagne.

318 Je n'ai rien trouvé.

319 Elle ne l'avait pas aidé.

320 Il n'aime pas beaucoup la bière.

321 Les Français ne boivent pas beaucoup de lait.

322 Aimez-vous écouter de la musique ?

323 Il devra travailler pendant deux heures.

324 Il est plus jeune que sa femme.

325 Quel âge a-t-elle ? - Elle aura 20 ans en avril.

326 C'est mon meilleur ami.

327 Elle n'a pas d'ami à Paris.

328 Il n'avait pas appris ses leçons.

329 Est-ce qu'il a téléphoné hier ?

330 Puis-je ouvrir la fenêtre ?

331 Elle a acheté la robe la plus chère.

332 Il conduira aussi vite que possible.

333 Il pourra sortir ce soir (permission).

334 Il ne boit pas assez de lait.

335 L'exercice était si difficile que personne n'a pu le faire.

336 Il n'y a que quelques personnes. Pourrions-nous revenir plus tard ?

337 Il y a moins de circulation tôt le matin.

338 J'aime nager la nuit.

339 Quand est-elle venue pour la dernière fois ?

340 Il va quelquefois à la pêche.

341 Ils sont allés aux USA et au Canada il y a deux ans.

342 Les Italiens mangent beaucoup de pâtes.

343 Elle vient de partir.

344 Elle va partir.

345 La mère de mon ami surveillera les enfants pendant que nous serons à Paris.

346 Quelle belle robe !

347 Tu devrais acheter ce livre.

348 Pourrais-tu venir, s'il te plaît ?

349 Nous t'attendons depuis une heure.

350 Il se peut que nous arrivions plus tôt que prévu.

LES CORRIGES

251 Il n'a pas pu lui répondre.
He hasn't been able to answer him / her.
He wasn't able to answer.
Passé de *can*
To answer sby
Lui, pour un homme ou une femme

252 J'ai mangé du pudding il y a deux jours.
I ate pudding two days ago.
Ago, et preterite
To eat est irrégulier

253 Il a dû garer sa voiture.
He had to park his car.
Passé de *must*
Sa, pour un homme

254 Combien d'arbres y a-t-il devant ta maison ?
How many trees are there in front of your house?
Combien de + un nom pluriel
Il y a + un nom pluriel

255 Je devrai acheter une nouvelle voiture l'année prochaine.
I will have to buy a new car next year.
Futur de *must*
Next year

256 Elle ne sait pas utiliser cet ordinateur.
She cannot / can't use this computer.
Savoir, pouvoir

257 Pourquoi n'achètes-tu pas ce livre ?
Why don't you buy this book?
Forme interro-négative au présent

258 Il doit acheter une nouvelle chemise samedi.
He must buy a new shirt on Saturday.
Devoir, au présent
On devant les noms de jours, et majuscules dessus

259 Il écoute la radio.
He is listening to the radio.
Action en train de se dérouler dans le présent
To listen to
The radio

260 Il écoute la radio tous les soirs.
He listens to the radio every evening.
Présent pour une action habituelle
"*s*" aux 3èmes personnes du singulier
Every + un nom singulier

261 Il écoute la radio depuis 14 heures.
He has listened to the radio since 2 pm.
He has been listening to the radio since 2 pm.
Action dans le présent avec *since* (+ une date)
L'heure

262 Elles veulent partir.
They want to leave.
Infinitif après *to want*

263 J'attends le bus.
I am waiting for the bus.
Action en train de se dérouler dans le présent
To wait for

264 Nous passerons nos vacances en Allemagne.
We will spend our holidays in Germany.
Futur simple
Notre, nos
Pas d'article devant les noms de pays singuliers

265 Ce n'est pas la leur, c'est la mienne.
It is not / isn't theirs, it is mine.
Le, la, les leur(s)
Le, la, les mien(nes)

266 Ils ont vendu leur voiture noire hier.
They sold their black car yesterday.
Preterite avec *yesterday*
To sell est irrégulier
Leur
Place de l'adjectif

267 Il connaissait mon numéro de téléphone.
He knew my phone number.
Traduction de l'imparfait par un preterite
To know est irrégulier

268 Je ne connaissais pas son adresse.
I did not / didn't know his / her address.
Négation du preterite
Son, pour un homme ou une femme

269 Ils viennent de boire un verre de vin.
They have just drunk a glass of wine.
Passé proche
To drink est irrégulier

270 Ils jouent au tennis depuis une demi-heure.
They have played / have been playing tennis for half an hour.
Present perfect avec *for* (+ une durée)
To play + un sport sans article

271 Ils achèteront un chien quand ils auront une maison.
They will buy a dog when they have a house.
Futur simple
Pas de futur après *when* - conjonction

272 Regarde ! Il neige.
Look! It is snowing.
Impératif 2ème personne du singulier
Action en train de se dérouler dans le présent

273 Je n'ai jamais joué au golf.
I have never played golf.
Passé composé pour une action non datée
Never
Place de l'adverbe de temps
To play + le nom de sport

274 Je le vois tous les vendredis.
I see him every Friday.
Présent pour une action habituelle
Le, complément, pour un homme
Every + un nom singulier

275 Cette chaise est la plus confortable.
This chair is the most comfortable.
Superlatif de l'adjectif long

276 Elle porte ces chaussures chaque fois qu'elle sort.
She wears these shoes every time she goes out.
Présent d'habitude
"*s*" aux 3èmes pers. du sing. et "*e*" intercalaire après le "*o*"
These

277 Tu devrais lire ce journal anglais.
You should read this English newspaper.
Conditionnel de *must*
Place de l'adjectif
Majuscule sur les noms de nationalités

278 Ils vont se marier.
They are going to get married.
Futur proche

279 Elle vient de finir ses devoirs.
She has just finished her homework.
Passé proche
Son, sa, ses, pour une femme

280 Ils sont allés à Paris hier.
They went to Paris yesterday.
Preterite avec *yesterday*
To go est irrégulier
To go to

281 A qui est ce stylo ? - C'est celui de Betty.
Whose pen is it? - It is Betty's.
Whose is this pen? - It is Betty's.
Pronom interrogatif pour la possession
Cas possessif

282 Où passeras-tu tes vacances ? - Je ne sais pas encore.
Where will you spend your holidays? - I do not / don't know yet.
Forme interrogative au futur simple
Forme négative au présent simple
Not yet

283 Leurs enfants ont 5 et 10 ans.
Their children are 5 and 10 (years old).
Leur(s)
Pluriel irrégulier de *child*
Expression de l'âge

284 Il nous téléphonera dès qu'il sera à la gare.
He will phone us as soon as he is at the station.
Futur simple
Nous, complément
To phone sby
Pas de futur après *as soon as*

285 La soupe est trop chaude. Il ne peut pas la manger.
The soup is too hot. He cannot (can't) eat it.
Pouvoir, *can*
La, pour une chose

286 Je trouve l'allemand plus difficile que l'anglais.
I find German more difficult than English.
Pas d'article devant les noms de langues
Majuscule sur les noms de nationalités
Comparatif d'un adjectif long

287 J'aime peindre.
I like painting.
To like + "*ing*"

288 Il est arrivé il y a dix minutes.
He arrived ten minutes ago.
Preterite avec *ago*

289 Je n'ai jamais visité ce musée.
I have never visited this museum.
Passé composé, action non datée
Place de l'adverbe de temps

290 Je pourrai t'aider la semaine prochaine.
I will be able to help you next week.
Futur de "pouvoir", dans le sens de capacité
Next week

291 Il se peut qu'il vienne.
He may come.
Traduction de l'incertitude (attention à la construction)

292 Ce n'est pas le tien, c'est celui de John.
It is not / isn't yours. It is John's.
Le, la, les tien(nes)
Cas possessif

293 Je les connais depuis 1990.
I have known them since 1990.
Present perfect avec *since* (+ une date)
Forme progressive ("*ing*") impossible sur *to know*
To know est irrégulier

294 A quelle heure servez-vous le diner ?
What time do you serve dinner?
Forme interrogative au présent simple
Pas d'article défini devant les noms de repas

295 Il y a trop d'insectes dans l'herbe.
There are too many insects in the grass.
Il y a + un nom pluriel, Trop de + un nom pluriel

296 Prends sa valise, elle est plus lourde que la mienne.
Take his / her suitcase, it is heavier than mine.
Impératif 2ème personne du singulier
Comparatif d'un adjectif court

297 Il n'a pas assez d'argent pour acheter cette chemise bleue.
He hasn't got / doesn't have enough money to buy this blue shirt.
Assez de
Pour + un verbe (but)
Place de l'adjectif

298 Il devrait venir à la soirée.
He should come to the party.
Conditionnel de *must*

299 Nous aimerions prendre le petit déjeuner.
We would like to have breakfast.
Would like to
To have + un repas
Pas d'article défini devant les noms de repas

300 Elle parle trop. Elle ennuie tout le monde.
She speaks too much. She bothers everybody.
Présent d'habitude."*s*" aux 3èmes pers. du sing.
Trop (+ indénombrable)

301 Combien de temps resteras-tu chez Peter ?
How long will you stay at Peter's?
Forme interrogative au futur simple
Chez (lorsqu'on y est) : *at*

302 Le Mississipi est le plus long fleuve des Etats-Unis.
The Mississipi is the longest river in the United States.
Article défini devant les noms de fleuves
Superlatif de l'adjectif court
The United States

303 Cet exercice est aussi facile que l'autre.
This exercise is as easy as the other one.
Comparatif d'égalité
One pour remplacer le nom

304 J'ai l'habitude de rester au bureau tard le soir.
I am used to staying at the office late in the evening.
Habitude dans le présent
In devant les espaces temps

305 Combien d'enfants avez-vous ?
How many children do you have?
How many + un nom pluriel

306 Il y a quelques pommes sur la table.
There are some / a few apples on the table.
Quelques : *some* ou *a few*

307 Cette chaise est trop haute pour lui.
This chair is too high for him.
Trop

308 Les Américains sont en général sympathiques.
American people / The Americans are usually friendly.
Noms de nationalités, et emploi de l'article défini
Place de l'adverbe de temps après *to be*

309 J'aime mieux l'hiver que l'automne.
I like winter better than autumn (G.B) / fall (U.S).
Pas d'article défini devant les noms de saisons
Comparatif de supériorité irrégulier

310 Mon fils n'aime pas jouer au football.
My son does not / doesn't like playing football.
Forme négative au présent simple
To like + "*ing*"
To play + un sport sans article

311 Je ne sais pas encore qui viendra.
I do not / don't know yet who will come.
Not yet

312 Prenons nos voitures. Il se peut que leur maison soit loin de l'arrêt de bus.
Let's take our cars. Their house may be far from the bus stop.
Impératif 1ère pers. du pluriel
Traduction de l'incertitude
Pour la distance : le point de référence introduit par *from*

313 Il était allé au marché.
He had gone to the market.
Past perfect
To go to

314 L'ami de mon voisin est boucher.
My neighbour's friend is a butcher.
Cas possessif
Article indéfini devant les noms de métiers

315 Venez quand vous aurez le temps.
Come when you have (the) time.
Impératif 2ème personne du pluriel
Pas de futur après *when* - conjonction

316 Il m'a dit hier de venir mercredi.
He told me yesterday to come on Wednesday.
Preterite avec *yesterday*
Dire à qqn de : *to tell* sby to*
On devant les jours
On Wednesdays : le mercredi (tous les mercredis)

317 Ma soeur est secrétaire en Espagne.
My sister is a secretary in Spain.
Article indéfini devant les noms de métiers

318 Je n'ai rien trouvé.
I found nothing. I did not / didn't find anything.
Forme négative avec *anything*, affirmative avec *nothing*

319 Elle ne l'avait pas aidé.
She had not / hadn't helped him.
Past perfect
L', complément pour un homme

320 Il n'aime pas beaucoup la bière.
He does not / doesn't like beer very much.
Forme négative au présent simple 3ème pers. du sing.
Pas d'article défini devant les aliments
Place de l'adverbe de manière

321 Les Français ne boivent pas beaucoup de lait.
French people / The French do not / don't drink a lot of / much milk.
Noms de nationalités, et emploi de l'article défini
Forme négative du présent simple
Beaucoup de + indénombrable

322 Aimez-vous écouter de la musique ?
Do you like listening to music?
Forme interrogative au présent simple
To like + "*ing*"
Pas d'article défini devant les activités humaines

323 Il devra travailler pendant deux heures.
He will have to work for two hours.
Futur de *must*
Pendant + une durée

324 Il est plus jeune que sa femme.
He is younger than his wife.
Comparatif de supériorité d'un adjectif court

325 Quel âge a-t-elle ? - Elle aura 20 ans en avril.
How old is she? - She will be 20 (years old) in April.
Expression de l'âge
Majuscule aux noms de mois

326 C'est mon meilleur ami.
He is my best friend.
Comparatif de supériorité irrégulier

327 Elle n'a pas d'ami à Paris.
She has no friend in Paris.She has not any friends in Paris.
Deux manières de traduire "ne ... pas de"

328 Il n'avait pas appris ses leçons.
He had not / hadn't learned / learnt his lessons.
Past perfect
To learn peut être régulier ou irrégulier

329 Est-ce qu'il a téléphoné hier ?
Did he phone yesterday?
Forme interrogative au preterite

330 Puis-je ouvrir la fenêtre ?
May I open the window?
Pouvoir, dans le sens de permission

331 Elle a acheté la robe la plus chère.
She / has bought the most expensive dress.
Superlatif d'un adjectif long
Place de l'adjectif

332 Il conduira aussi vite que possible.
He will drive as fast as possible.
Futur simple
Comparatif d'égalité

333 Il pourra sortir ce soir (permission).
He will be allowed to go out tonight.
"Pouvoir" dans le sens de permission (*may*), au futur

334 Il ne boit pas assez de lait.
He does not / doesn't drink enough milk.
Forme négative du présent simple
Assez de

335 L'exercice était si difficile que personne n'a pu le faire.
The exercise was so difficult that nobody was able to do it.
Si + adjectif + que : *so* + adjectif + *that*
Personne
"Pouvoir" dans le sens de capacité (*can*) au preterite

336 Il n'y a que quelques personnes. Pourrions-nous revenir plus tard ?
There are only a few people. Could we come back later?
Il y a + un nom pluriel
Quelques
Pouvoir, au conditionnel
Comparatif de supériorité d'un adjectif court

337 Il y a moins de circulation tôt le matin.
There is less traffic early in the morning.
Il y a, moins de + un nom indénombrable
In devant les espaces temps

338 J'aime nager la nuit.
I like swimming at night.
To like + "*ing*"
Redoublement de la consonne finale sur *swim*
La nuit : *at night*

339 Quand est-elle venue pour la dernière fois ?
When did she come for the last time?
Passé composé, action datée
Forme interrogative

340 Il va quelquefois à la pêche.
He sometimes goes fishing.
Place de l'adverbe de temps
Présent simple, "*e*" intercalaire
To go fishing, to go shopping, to go swimming

341 Ils sont allés aux USA et au Canada il y a deux ans.
They went to the USA and Canada two years ago.
Preterite avec *ago*
Article défini devant *USA* mais pas devant *Canada*

342 Les Italiens mangent beaucoup de pâtes.
Italian people eat a lot of pizza.
The Italians eat a lot of pasta.
Noms de nationalités
Beaucoup de

343 Elle vient de partir.
She has just left.
Passé proche
To leave est irrégulier

344 Elle va partir.
She is going to leave.
Futur proche

345 La mère de mon ami surveillera les enfants pendant que nous serons à Paris.
My friend's mother will look after the children while we are in Paris.
Cas possessif
Children, pluriel irrégulier
Pas de futur après les conjonctions de temps

346 Quelle belle robe !
What a nice dress!
Exclamation

347 Tu devrais acheter ce livre.
You should buy this book.
Devoir, au conditionnel

348 Pourrais-tu venir, s'il te plaît ?
Could you come, please?
Demande polie, pouvoir (*can*) au conditionnel

349 Nous t'attendons depuis une heure.
We have waited for you for an hour.
We have been waiting for you an hour.
Action dans le présent avec *for* (durée)
To wait for

350 Il se peut que nous arrivions plus tôt que prévu.
We may arrive earlier than planned.
Traduction de l'incertitude (attention à la construction)
Comparatif de supériorité d'un adjectif court

POUR VOUS AIDER A FAIRE LE POINT

Je ne fais plus de fautes sur

l'article *a* et *an*	☐
l'article *the*	☐
les pronoms personnels sujet	☐
les pronoms personnels complément	☐
le nom au pluriel	☐
les noms collectifs singuliers	☐
les noms dénombrables et indénombrables	☐
le cas possessif	☐
les adjectifs possessifs	☐
l'adjectif épithète	☐
le comparatif de supériorité	☐
le comparatif d'infériorité	☐
le comparatif d'égalité	☐
le comparatif d'inégalité	☐
le superlatif	☐
le présent simple	☐
le présent progressif	☐
le futur	☐
le futur proche	☐
le preterite	☐
les verbes irréguliers	☐
le present perfect	☐
le passé proche	☐
le conditionnel	☐
l'impératif	☐
le past perfect	☐
can et son équivalent	☐

must et son équivalent ☐
may et son équivalent ☐
la forme négative ☐
la forme interrogative ☐
les pronoms interrogatifs ☐
la place de l'adverbe de temps ☐
la place de l'adverbe de manière ☐
l'heure ☐
les prépositions de temps ☐
les prépositions de lieu ☐
ago + preterite ☐
la différence entre *for* et *since* ☐
les temps employés avec *for* et *since* ☐
aimer faire qqse ☐
vouloir que qqn fasse ☐
who et *which* ☐
beaucoup de ☐
quelques ☐
moins de ☐
trop de ☐
l'habitude dans le présent ☐
le redoublement de la consonne finale ☐

Vous trouverez toutes les leçons concernant ces points de grammaire dans "Anglais débutant - Grammaire" et "Anglais intermédiaire - Grammaire"

3EME PARTIE

Les phrases corrigées avec traductions seules

LES ENONCES

351 J'oublie quelquefois qu'il travaille tous les jours.

352 Tout le monde est content pour toi.

353 Les joueurs anglais vont gagner.

354 Elle a perdu sa clef.

355 Je ferai la vaisselle dès que je le pourrai.

356 Je ne pourrai jamais faire un tel exercice.

357 La Tour Eiffel mesure environ 300 mètres.

358 Quand êtes-vous né ? - Le 3 juillet 1973.

359 Elle travaille depuis 3 heures du matin.

360 Tu devrais écouter leurs conseils.

361 L'avion va atterrir.

362 Il ne devrait pas laisser sa voiture ici, c'est interdit.

363 Elle n'a pas pu sortir (permission).

364 Quand sont-ils venus pour la dernière fois ?

365 Pourra-t-il t'aider ?

366 Tout le monde devra faire cet exercice.

367 J'ai reçu une carte postale hier.

368 Il est resté deux heures dans ce magasin.

369 J'ai habité à 25 kilomètres de Paris pendant trois ans.

370 Il se peut que nous les connaissions.

371 Le disque est aussi cher que la cassette.

372 Je ne bois pas de lait.

373 Tu n'aimes pas cette viande, n'est-ce-pas ?

374 A qui est ce chien ? - Il est à John.

375 Ils feraient mieux de se dépêcher.

376 Tes bagages sont trop lourds.

377 Elle aura 16 ans la semaine prochaine.

378 Betty mesure 1,50 mètres.

379 Il n'y a pas de riz dans le placard.

380 Il se pourrait qu'elle nous invite.

381 Je suis à Brighton depuis dix jours.

382 Nous voulons qu'elle travaille plus.

383 Je sors souvent le samedi.

384 Il est né un mercredi.

385 Avez-vous fait bon voyage ?

386 Madame Smith vient d'acheter des légumes chez l'épicier.

387 Elle devrait essayer d'oublier ce qui s'est passé.

388 Elle n'a pas pu me donner les renseignements que je lui avais demandés.

389 Ont-ils dit qu'ils seraient en retard ?

390 Aimes-tu regarder la télévision ?

391 J'aimerais prendre mon petit-déjeuner à 8h30.

392 Tu connais les parents de John, n'est-ce-pas ?

393 Nous avons l'habitude d'aller à l'école à pied.

394 Il se peut que j'aille faire les courses.

395 Il a été puni parce qu'il ne s'est pas lavé les mains avant de manger.

396 Vous feriez mieux de vous lever.

397 Il pourrait obtenir de meilleurs résultats s'il travaillait plus.

398 Il n'a pas plu autant que l'année dernière.

399 Elle n'aime pas du tout voyager.

400 Il devra aller à l'école lorsqu'il aura six ans.

401 Il y a trop de circulation.

402 J'aimerais que tu viennes la semaine prochaine.

403 Il ne savait pas que tu étais malade.

404 Nous sommes arrivés il y a un quart d'heure.

405 Combien de voitures ont-ils ?

406 Le chien qui est devant ta maison appartient à mon oncle.

407 Nous avons habité en Espagne pendant quatre ans.

408 Je n'ai jamais joué au golf.

409 Il a fait une erreur.

410 Les enfants jouent derrière la maison.

411 Elle a deux cents paires de chaussures.

412 C'est l'histoire la plus drôle que j'aie jamais entendue.

413 Il y avait des milliers de gens dans la rue.

414 Nous sommes arrivés à 16h45.

415 Il préférerait aller au bord de la mer.

416 Quand est-elle morte ? - Elle est morte en 1990.

417 Je devrai me lever à 5h30 du matin.

418 Seras-tu à la maison demain ? - Je le pense.

419 Le policier aimerait lui poser quelques questions.

420 La soeur de Peter gagne 750 livres par mois.

421 Je l'aime beaucoup. Elle n'est jamais en colère.

422 Il m'a dit qu'il m'écrirait de Londres.

423 Ces clefs sont à ma mère. Elle les a oubliées.

424 Son mari préfère le thé au café.

425 Mary téléphone à sa mère.

426 Combien de temps es-tu resté à Londres ?

427 Ne lui téléphone pas, je lui ai déjà dit de ne pas venir.

428 Combien de chiens as-tu ?

429 Ils aimeraient aller au Canada l'été prochain.

430 Pourquoi a-t-il ri ? Ce n'était pas amusant.

431 Je ne l'ai pas encore rencontrée.

432 Avez-vous bien dormi ?

433 Il ne comprend pas pourquoi la chemise bleue est plus chère que la blanche.

434 Pourquoi mentirait-il ?

435 Ils ont lavé la voiture il y a deux jours..

436 Nous lui avions demandé d'arrêter de crier.

437 J'ai dû rester plus tard.

438 Elle joue mieux au tennis que son frère.

439 Je préférerais jouer au tennis au lieu d'aller au cinéma.

440 Ils ne savent pas encore ce qu'ils vont faire.

441 Je suis désolé, je n'ai pas eu assez de temps pour faire ce que tu m'as demandé.

442 Connais-tu la femme qui porte un manteau violet ?

443 Betty essaie quelquefois d'économiser de l'argent.

444 Ne les crois pas ! Ils mentent.

445 As-tu fini ? - Pas encore.

446 Elle avait beaucoup voyagé lorsqu'elle était secrétaire.

447 C'est mon meilleur ami. Nous passons tous les week-ends ensemble.

448 Ils ont fait trop de bruit la nuit dernière.

449 Mon père me donnera deux cents euros par mois lorsque j'aurai vingt ans.

450 Il y a moins de voitures.

451 La maison de mon oncle a un toit noir.

452 Je lis un livre toutes les semaines.

453 Il est parti il y a dix minutes.

454 Tu dois dormir maintenant. Il est tard.

455 Sa fille (à elle) joue très bien du piano.

456 Ils ne sont pas venus hier.

457 Le chat est dans le jardin. Ne le cherche pas.

458 Tu ferais mieux de te dépêcher.

459 J'aimerais la rencontrer.

460 J'apprends l'anglais depuis trois semaines.

461 Vous devriez lui dire de venir plus tôt.

462 La jupe grise était trop chère. J'ai acheté la noire.

463 Ils n'avaient pas lu l'affiche.

464 Ses chaussures sont toujours sous le lit.

465 Vous pouvez garer votre voiture derrière l'hôtel.

466 Elle est malade depuis deux jours.
467 Où est la banque la plus proche ?

468 Il est un des peintres les plus célèbres qui aient jamais vécu.

469 Elle n'aime pas voyager.

470 Pourquoi ne peut-il pas venir ? (capacité)

471 Combien coûte ce pantalon ? - Deux cents euros.

472 Il ne pourra pas venir. (permission)

473 Cette télévision coûte trois cent cinquante euros.

474 Pourriez-vous épeler votre nom, s'il vous plaît ?

475 Je vais souvent à la piscine le dimanche.

476 Combien de frères et soeurs avez-vous ?

477 Où vivent tes parents ? - Les miens vivent à Rome.

478 Il arrivera lundi à 8 heures.

479 Dis-moi qui viendra avec eux.

480 Il habite en Belgique depuis qu'il a 15 ans.

481 Combien de temps resterez-vous ici ?

482 Ils se sont mariés en 1945.

483 Elle aimerait que tu l'écoutes.

484 A quelle distance est Grenoble de Paris ? - A environ cinq cents kilomètres.

485 Je ne savais pas qu'il ne viendrait pas.

486 John rentrera à la maison à 20h30.

487 J'espère qu'il viendra demain.

488 Personne ne sait où elle est.

489 Pourquoi n'est-il pas venu hier ? Etait-il malade ?

490 Je ne sais pas, je ne lui ai pas encore téléphoné.

491 Tu ne devrais pas partir.

492 Pourquoi avait-il menti ?

493 Combien coûte cette carte postale ?

494 Elle est née en 1962.

495 Pourrais-tu m'aider ? Mes valises sont très lourdes.

496 Il ne sera pas autorisé à sortir ce soir.

497 Je devrai apprendre mes leçons.

498 Aimeriez-vous aller aux Etats-Unis ?

499 Il se peut qu'elle sache où ils sont.

500 Sa voiture est neuve. Il la lave tous les jours.

501 Nous ne savions pas qu'il ne voulait pas venir.

502 Il n'y a pas beaucoup d'arbres dans cette ville.

503 Elle ne pourra pas aller au cinéma (permission)

504 Pourriez-vous traduire cette lettre ?

505 Nous aimerions qu'il vienne avec nous.

506 Je ne sais pas où je passerai mes prochaines vacances.

507 Elle n'avait jamais vu la mer.

508 Je ne peux pas te croire.

509 Elle aimerait que tu ailles chez le boucher.

510 Tu devras attendre. Il y a beaucoup de monde.

511 Il avait cassé ses lunettes avant de partir.

512 Pourquoi n'as-tu pas téléphoné ? Nous vous attendions.

513 Personne ne l'a vue.

514 Quelle heure est-il ? - Il est 15h15.

515 Il n'y a pas de beurre dans le réfrigérateur.

516 Ces vieux disques appartenaient à mon grand-père.

517 Il était en train de téléphoner.

518 Je lui dirai lorsqu'il sera ici.

519 Il m'avait dit de ne pas attendre.

520 Betty est en train de garer sa voiture.

521 Elle vient de téléphoner.

522 Nous t'appellerons dès que nous serons à Londres.

523 Il va pleuvoir. Le ciel est gris.

524 Je préférerais marcher.

525 Il fait plus froid aujourd'hui.

526 Sa poupée est cassée. Elle pleure.

527 S'il vient demain, nous jouerons au tennis.

528 Nous jouerions dans le jardin s’il ne pleuvait pas.

529 Elle voyagera beaucoup lorsqu'elle aura un bon travail.

530 Elle aura 20 ans en octobre.

531 Elle apprend l'allemand depuis deux ans.

532 Je n'aime pas la musique pop.

533 Il ne lui avait pas téléphoné.

534 Ce n'est pas le mien. C'est le tien.

535 Ne bois pas autant.

536 Quel âge a-t-il ? - Il aura 54 ans le mois prochain.

537 Elle n'est pas aussi grande que lui.

538 Je viens de manger une pomme.

539 C'est le meilleur film que j'aie jamais vu.

540 Lyon est plus grande que Marseille.

541 Il y a trop de voitures aujourd'hui.

542 Il a plu la semaine dernière.

543 Il n'est pas encore arrivé.

544 Je lui dirai dès que je la verrai.

545 J'habite à Paris depuis quatre ans.

546 Il n'y a pas de brouillard aujourd'hui.

547 Il se peut qu'il neige demain.

548 Nous regardions la télévision.

549 Il n'arrête jamais de parler.

550 Il a neigé il y a trois jours.

551 Je ne suis jamais allé en Grèce.

552 A qui est ce stylo ? - C'est celui de Betty.

553 Elle est en train de jouer avec ses enfants dans le salon.

554 Qui est cet homme ? Je ne le connais pas.

555 Il travaille tous les jours.

556 Où iras-tu demain ?

557 Il a habité à Madrid pendant dix ans.

558 La fille qui attend le bus est ma cousine.

559 Commençons maintenant !

560 Son père (à lui) est médecin.

561 Ne lui dis pas que j'étais en retard.

562 Le chien qui est à côté des enfants n'est pas à eux.

563 Ce n'est pas le nôtre. Je ne sais pas à qui il est.

564 Combien de temps est-il resté ?

565 Je devrais manger moins de chocolat.

566 Ils sont en train de jouer au golf.

567 Elle écoute la radio tous les jours.

568 Notre cuisine est aussi grande que la vôtre.

569 Ils ont planté des fleurs devant leur maison la semaine dernière.

570 Prenons nos parapluies !

571 Il est rentré des Etats-Unis il y a deux semaines.

572 Leur frère vit en Irlande depuis 1990.

573 Nous aimerions aller à l'étranger l'année prochaine.

574 Notre appartement est plus petit que le leur.

575 Nous aimons lire ce journal français.

576 Lave-toi les mains avant de manger !

577 Je suis désolé, nous ne vendons pas de timbres.

578 Il lui avait dit de venir.

579 Je dois lui téléphoner (à elle) pour l'inviter.

580 Combien de temps resterez-vous en Italie ?

581 Je ne l'ai pas vu depuis trois ans.

582 A qui est cette voiture rouge ? - Elle est à mon père.

583 Des milliers de personnes viennent ici tous les ans.

584 Plus de trois cents personnes sont venues à leur soirée hier.

585 Elle pourra rester.

586 Tu devrais lui parler. Elle est en colère.

587 J'aime ces chaussures jaune. Je vais les acheter.

588 Nous avons l'habitude de nous lever à 6 heures du matin.

589 Il est venu hier. Il n'y avait personne.

590 As-tu besoin d'acheter une nouvelle voiture ?

591 Tout lui fait peur (à elle) la nuit.

592 Que fait-elle ? - Elle joue du piano.

593 Il se pourrait qu'il neige.

594 Le petit-déjeuner est servi de 7 à 9 heures.

595 Nous ne connaissons pas la raison de son retard.

596. Il n'a pas pu réparer la voiture.

597 A mon avis, il se peut qu'ils viennent à 17 heures.

598 Ils plantent des milliers de fleurs dans les parcs de cette ville chaque année.

599 Ce livre n'est pas aussi intéressant.

600 Tu parles très bien anglais.

LES CORRIGES

351 J'oublie quelquefois qu'il travaille tous les jours.
I sometimes forget (that) he works every day.

352 Tout le monde est content pour toi.
Everybody is happy for you.

353 Les joueurs anglais vont gagner.
The English players are going to win.

354 Elle a perdu sa clef.
She has lost her key.

355 Je ferai la vaisselle dès que je le pourrai.
I will do the washing-up as soon as I can.

356 Je ne pourrai jamais faire un tel exercice.
I will never be able to do such an exercise.

357 La Tour Eiffel mesure environ 300 mètres.
The Eiffel Tower is about 300 metres high.

358 Quand êtes-vous né ? - Le 3 juillet 1973.
When were you born? - On July 3rd 1973.

359 Elle travaille depuis 3 heures du matin.
She has worked / has been working since 3 in the morning.

350 Tu devrais écouter leurs conseils.
You should listen to their advice.

361 L'avion va atterrir.
The plane is going to land.

362 Il ne devrait pas laisser sa voiture ici, c'est interdit.
He should not leave his car here, it is forbidden.

363 Elle n'a pas pu sortir (permission).
She has not been allowed to go out.

364 Quand sont-ils venus pour la dernière fois ?
When did they come for the last time?

365 Pourra-t-il t'aider ?
Will he be able to help you?

366 Tout le monde devra faire cet exercice.
Everybody will have to do this exercise.

367 J'ai reçu une carte postale hier.
I received a postcard yesterday.

368 Il est resté deux heures dans ce magasin.
He stayed two hours in this shop.

369 J'ai habité à 25 kilomètres de Paris pendant trois ans.
I lived 25 kilometres from Paris for three years.

370 Il se peut que nous les connaissions.
We may know them.

371 Le disque est aussi cher que la cassette.
The record is as expensive as the tape (GB) / cassette (US).

372 Je ne bois pas de lait.
I do not / don't drink (any) milk.
I drink no milk.

373 Tu n'aimes pas cette viande, n'est-ce-pas ?
You do not / don't like this meat, do you?

374 A qui est ce chien ? - Il est à John.
Whose is this dog? - It is John's.
Whose dog is it?

375 Ils feraient mieux de se dépêcher.
They had better hurry up.

376 Tes bagages sont trop lourds.
Your luggage is too heavy.

377 Elle aura 16 ans la semaine prochaine.
She will be 16 (years old) next week.

378 Betty mesure 1,50 mètres.
Betty is 1.50 metres tall.

379 Il n'y a pas de riz dans le placard.
There is not any / no rice in the cupboard.

380 Il se pourrait qu'elle nous invite.
She might invite us.

381 Je suis à Brighton depuis dix jours.
I have been in Brighton for ten days.

382 Nous voulons qu'elle travaille plus.
We want her to work more.

383 Je sors souvent le samedi.
I often go out on Saturdays.

384 Il est né un mercredi.
He was born on a Wednesday.

385 Avez-vous fait bon voyage ?
Did you have a nice trip?

386 Madame Smith vient d'acheter des légumes chez l'épicier.
Mrs Smith has just bought some vegetables at the grocer's.

387 Elle devrait essayer d'oublier ce qui s'est passé.
She should try to forget what happened.

388 Ont-ils dit qu'ils seraient en retard ?
Did they say (that) they would be late?

389 Aimes-tu regarder la télévision ?
Do you like watching television?

390 J'aimerais prendre mon petit-déjeuner à 8h30.
I would like to have my breakfast at half past eight / 8.30 am.

391 Tu connais les parents de John, n'est-ce-pas ?
You know John's parents, don't you?

392 Nous avons l'habitude d'aller à l'école à pied.
We are used to walking to school.

393 Il se peut que j'aille faire les courses.
I may go shopping.

394 Vous feriez mieux de vous lever.
You had better get up.

395 Elle n'a pas pu me donner les renseignements que je lui avais demandés.
She has not / hasn't been able to give me the information (that) I had asked her for.

396 Il a été puni parce qu'il ne s'est pas lavé les mains avant de manger.
He was punished because he did not / didn't wash his hands before eating.

397 Il pourrait obtenir de meilleurs résultats s'il travaillait plus.
He could get better results if he worked more.

398 Il n'a pas plu autant que l'année dernière.
It did not / didn't rain as much as last year.

399 Elle n'aime pas du tout voyager.
She does not / doesn't like travelling at all.

400 Il devra aller à l'école lorsqu'il aura six ans.
He will have to go to school when he is six (years old).

401 Il y a trop de circulation.
There is too much traffic.

402 J'aimerais que tu viennes la semaine prochaine.
I would like you to come next week.

403 Il ne savait pas que tu étais malade.
He did not / didn't know (that) you were ill.

404 Nous sommes arrivés il y a un quart d'heure.
We arrived a quarter of an hour ago.

405 Combien de voitures ont-ils ?
How many cars do they have?

406 Le chien qui est devant ta maison appartient à mon oncle.
The dog, which is in front of your house, belongs to my uncle.

407 Nous avons habité en Espagne pendant quatre ans.
We lived in Spain for four years.

408 Je n'ai jamais joué au golf.
I have never played golf.

409 Il a fait une erreur.
He (has) made a mistake.

410 Les enfants jouent derrière la maison.
The children are playing behind the house.

411 Elle a deux cents paires de chaussures.
She has (got) two hundred pairs of shoes.

412 C'est l'histoire la plus drôle que j'aie jamais entendue.
It is the funniest story (that) I have ever heard.

413 Il y avait des milliers de gens dans la rue.
There were thousands of people in the street.

414 Nous sommes arrivés à 16h45.
We arrived at a quarter to five / 4.45 pm.

415 Il préférerait aller au bord de la mer.
He would rather go to the seaside.
He would prefer to go to the seaside.

416 Quand est-elle morte ? - Elle est morte en 1990.
When did she die? She died in 1990.

417 Je devrai me lever à 5h30 du matin.
I will have to get up at half past five / 5.30 in the morning.

418 Seras-tu à la maison demain ? - Je le pense.
Will you be at home tomorrow ? - I think so.

419 Le policier aimerait lui poser quelques questions.
The policeman would like to ask him / her a few questions.

420 La soeur de Peter gagne 750 livres par mois.
Peter's sister earns 750 a month.

421 Je l'aime beaucoup. Elle n'est jamais en colère.
I like her very much. She is never angry.

422 Il m'a dit qu'il m'écrirait de Londres.
He told me (that) he would write to me from London.

423 Ces clefs sont à ma mère. Elle les a oubliées.
These keys are my mother's. She forgot them.

424 Son mari préfère le thé au café.
Her husband prefers tea to coffee.

425 Mary téléphone à sa mère.
Mary is phoning her mother.

426 Ne lui téléphone pas, je lui ai déjà dit de ne pas venir.
Don't phone him / her, I have already told him / her not to come.

427 Combien de temps es-tu resté à Londres ?
How long did you stay in London?

428 Combien de chiens as-tu ?
How many dogs do you have?

429 Ils aimeraient aller au Canada l'été prochain.
They would like to go to Canada next summer.

430 Pourquoi a-t-il ri ? Ce n'était pas amusant.
Why did he laugh? It was not / wasn't funny.

431 Je ne l'ai pas encore rencontrée.
I have not / haven't met her yet.

432 Avez-vous bien dormi ?
Did you sleep well?

433 Il ne comprend pas pourquoi la chemise bleue est plus chère que la blanche.
He does not / doesn't understand why the blue shirt is more expensive that the white one.

434 Pourquoi mentirait-il ?
Why would he lie ?

435 Ils ont lavé la voiture il y a deux jours..
They washed the car two days ago.

436 Nous lui avions demandé d'arrêter de crier.
We had asked him / her to stop shouting.

437 J'ai dû rester plus tard.
I had to stay later.

438 Elle joue mieux au tennis que son frère.
She plays tennis better than her brother.

439 Je préférerais jouer au tennis au lieu d'aller au cinéma.
I would rather play tennis instead of going to the cinema.
I would prefer to play tennis instead of going to the cinema.

440 Ils ne savent pas encore ce qu'ils vont faire.
They do not / don't know yet what they are going to do.

441 Je suis désolé, je n'ai pas eu assez de temps pour faire ce que tu m'as demandé.
I am sorry, I did not / didn't have enough time to do what you asked me.

442 Connais-tu la femme qui porte un manteau violet ?
Do you know the lady who is wearing a purple coat?

443 Betty essaie quelquefois d'économiser de l'argent.
Betty sometimes tries to save money.

444 Ne les crois pas ! Ils mentent.
Don't believe them! They are lying.

445 As-tu fini ? - Pas encore.
Have you finished? Not yet.

446 Elle avait beaucoup voyagé lorsqu'elle était secrétaire.
She had travelled a lot when she was a secretary.

447 C'est mon meilleur ami. Nous passons tous les week-ends ensemble.
He is my best friend. We spend every week-end together.

448 Ils ont fait trop de bruit la nuit dernière.
They made too much noise last night.

449 Mon père me donnera deux cents euros par mois lorsque j'aurai vingt ans.
My father will give me two hundred euros a month when I am twenty (years old).

450 Il y a moins de voitures.
There are fewer cars.

451 La maison de mon oncle a un toit noir.
My uncle's house has a black roof.

452 Je lis un livre toutes les semaines.
I read a book every week.

453 Il est parti il y a dix minutes.
He left ten minutes ago.

454 Tu dois dormir maintenant. Il est tard.
You must sleep now. It is late.

455 Sa fille (à elle) joue très bien du piano.
Her daughter plays the piano very well.

456 Ils ne sont pas venus hier.
They did not / didn't come yesterday.

457 J'apprends l'anglais depuis trois semaines.
I have learned / learnt English for three weeks.
I have been learning English for three weeks.

458 Le chat est dans le jardin. Ne le cherche pas.
The cat is in the garden. Don't look for it.

459 Tu ferais mieux de te dépêcher.
You'd better hurry up.

460 J'aimerais la rencontrer.
I would like to meet her.

461 Vous devriez lui dire de venir plus tôt.
You should tell him / her to come earlier.

462 La jupe grise était trop chère. J'ai acheté la noire.
The grey skirt was too expensive. I bought the black one.

463 Ils n'avaient pas lu l'affiche.
They had not / hadn't read the poster.

464 Ses chaussures sont toujours sous le lit.
His / Her shoes are always under the bed.

465 Vous pouvez garer votre voiture derrière l'hôtel.
You can park your car behind the hotel.

466 Elle est malade depuis deux jours.
She has been ill for two days.

467 Où est la banque la plus proche ?
Where is the nearest bank?

468 Elle n'aime pas voyager.
She does not / doesn't like travelling.

469 Pourquoi ne peut-il pas venir ? (capacité)
Why can't he come?

470 Il est un des peintres les plus célèbres qui aient jamais vécu.
He is one of the most famous painters who have ever lived.

471 Combien coûte ce pantalon ? - Deux cents euros.
How much are these trousers?
How much do these trousers cost? - Two hundred euros.

472 Il ne pourra pas venir. (permission)
He will not / won't be allowed to come.

473 Cette télévision coûte trois cent cinquante euros.
ThisTV-set costs / is three hundred and fifty euros.

474 Pourriez-vous épeler votre nom, s'il vous plaît ?
Could you spell your name, please?

475 Je vais souvent à la piscine le dimanche.
I often go to the swimming-pool on Sundays.

476 Combien de frères et soeurs avez-vous ?
How many brothers and sisters do you have?

477 Où vivent tes parents ? - Les miens vivent à Rome.
Where do your parents live? - Mine live in Rome.

478 Il arrivera lundi à 8 heures.
He will arrive on Monday at 8 am.

479 Il habite en Belgique depuis qu'il a 15 ans.
He has lived in Belgium since he was 15 (years old).
He has been living in Belgium since he was 15.

480 Dis-moi qui viendra avec eux.
Tell me who will come with them.

481 Combien de temps resterez-vous ici ?
How long will you stay here?

482 Ils se sont mariés en 1945.
They got married in 1945.

483 A quelle distance est Grenoble de Paris ? - A environ cinq cents kilomètres.
How far is Grenoble from Paris? - About five hundred kilometres.

484 Elle aimerait que tu l'écoutes.
She would like you to listen to her.

485 Je ne savais pas qu'il ne viendrait pas.
I did not / didn't know (that) he would not / wouldn't come.

486 John rentrera à la maison à 20h30.
John will come back home at 8.30 pm / half past eight.

487 J'espère qu'il viendra demain.
I hope (that) he will come tomorrow.

488 Personne ne sait où elle est.
Nobody knows where she is.

489 Pourquoi n'est-il pas venu hier ? Etait-il malade ?
Why didn't he come yesterday? Was he ill?

490 Tu ne devrais pas partir.
You should not / shouldn't leave.

491 Je ne sais pas, je ne lui ai pas encore téléphoné.
I do not / don't know, I have not / haven't phoned him / her yet.

492 Pourquoi avait-il menti ?
Why had he lied?

493 Combien coûte cette carte postale ?
How much is this postcard ?
How much does this postcard cost?

494 Elle est née en 1962.
She was born in 1962.

495 Pourrais-tu m'aider ? Mes valises sont très lourdes.
Could you help me? My suitcases are very heavy.

496 Il ne sera pas autorisé à sortir ce soir.
He will not / won't be allowed to go out tonight.

497 Je devrai apprendre mes leçons.
I will have to learn my lessons.

498 Aimeriez-vous aller aux Etats-Unis ?
Would you like to go to the United States?

499 Il se peut qu'elle sache où ils sont.
She may know where they are.

500 Sa voiture est neuve. Il la lave tous les jours.
His car is new. He washes it every day.

501 Nous ne savions pas qu'il ne voulait pas venir.
We did not / didn't know (that) he did not / didn't want to come.

502 Il n'y a pas beaucoup d'arbres dans cette ville.
There are not a lot of / many trees in this town.

503 Elle ne pourra pas aller au cinéma (permission)
She will not / won't be allowed to go to the cinema.

504 Pourriez-vous traduire cette lettre ?
Could you translate this letter?

505 Nous aimerions qu'il vienne avec nous.
We would like him to come with us.

506 Je ne sais pas où je passerai mes prochaines vacances.
I do not / don't know where I will spend my next holidays.

507 Elle n'avait jamais vu la mer.
She had never seen the sea.

508 Je ne peux pas te croire.
I cannot / can't believe you.

509 Elle aimerait que tu ailles chez le boucher.
She would like you to go to the butcher's.

510 Tu devras attendre. Il y a beaucoup de monde.
You will have to wait. There are a lot of people.

511 Il avait cassé ses lunettes avant de partir.
He had broken his glasses before leaving.

512 Quelle heure est-il ? - Il est 15h15.
What time is it? - It is 3.15 pm / a quarter past three (in the afternoon).

513 Pourquoi n'as-tu pas téléphoné ? Nous vous attendions.
Why didn't you phone? We were waiting for you.

514 Personne ne l'a vue.
Nobody has seen her.

515 Il n'y a pas de beurre dans le réfrigérateur.
There is not any / no butter in the fridge.

516 Ces vieux disques appartenaient à mon grand-père.
These old records belonged to my grandfather.

517 Il était en train de téléphoner.
He was phoning.

518 Je lui dirai lorsqu'il sera ici.
I will tell him when he is here.

519 Elle apprend l'allemand depuis deux ans.
She has learned / learnt German for two years.
She has been learning German for two years.

520 Il m'avait dit de ne pas attendre.
He had told me not to wait.

521 Betty est en train de garer sa voiture.
Betty is parking her car.

522 Elle vient de téléphoner.
She has just phoned.

523 Nous t'appellerons dès que nous serons à Londres.
We will call you as soon as we are in London.

524 Il va pleuvoir. Le ciel est gris.
It is going to rain. The sky is grey.

525 Je préférerais marcher.
I would prefer to walk.
I would rather walk.

526 Il fait plus froid aujourd'hui.
It is colder today.

527 Sa poupée est cassée. Elle pleure.
Her doll is broken. She is crying.

528 S'il vient demain, nous jouerons au tennis.
If he comes tomorrow, we will play tennis.

529 Nous jouerions dans le jardin s'il ne pleuvait pas.
We would play in the garden if it didn't rain.

530 Elle voyagera beaucoup lorsqu'elle aura un bon travail.
She will travel a lot when she has a good job.

531 Elle aura 20 ans en octobre.
She will be 20 (years old) in October.

532 Je n'aime pas la musique pop.
I do not / don't like pop music.

533 Il ne lui avait pas téléphoné.
He had not / hadn't phoned him / her.

534 Ce n'est pas le mien. C'est le tien.
It is not / isn't mine. It is yours.

535 Ne bois pas autant.
Don't drink so much.

536 Quel âge a-t-il ? - Il aura 54 ans le mois prochain.
How old is he? - He will be 54 (years old) next month.

537 Elle n'est pas aussi grande que lui.
She is not so / as tall as he (is).

538 Je viens de manger une pomme.
I have just eaten an apple.

539 C'est le meilleur film que j'aie jamais vu.
It is the best film (that) I have ever seen.

540 Lyon est plus grande que Marseille.
Lyon is bigger than Marseille.

541 Il y a trop de voitures aujourd'hui.
There are too many cars today.

542 Il a plu la semaine dernière.
It rained last week.

543 Il n'est pas encore arrivé.
He has not / hasn't arrived yet.

544 Je lui dirai dès que je la verrai.
I will tell her as soon as I see her.

545 J'habite à Paris depuis quatre ans.
I have lived in Paris for four years.
I have been living in Paris for four years.

546 Il n'y a pas de brouillard aujourd'hui.
There is not any / no fog today.

547 Il se peut qu'il neige demain.
It may snow tomorrow.

548 Nous regardions la télévision.
We were watching television.

549 Il n'arrête jamais de parler.
He never stops speaking.

550 Il a neigé il y a trois jours.
It snowed three days ago.

551 Je ne suis jamais allé en Grèce.
I have never gone to Greece.

552 A qui est ce stylo ? - C'est celui de Betty.
Whose pen is it? - It is Betty's.
Whose is this pen?

553 Elle est en train de jouer avec ses enfants dans le salon.
She is playing with her children in the living-room.

554 Qui est cet homme ? Je ne le connais pas.
Who is this man? I do not / don't know him.

555 Il travaille tous les jours.
He works every day.

556 Où iras-tu demain ?
Where will you go tomorrow?

557 Il a habité à Madrid pendant dix ans.
He lived in Madrid for ten years.

558 La fille qui attend le bus est ma cousine.
The girl who is waiting for the bus is my cousin.

559 Commençons maintenant !
Let's start now!

560 Son père (à lui) est médecin.
His father is a doctor.

561 Ne lui dis pas que j'étais en retard.
Don't tell him / her (that) I was late.

562 Le chien qui est à côté des enfants n'est pas à eux.
The dog which is next to the children is not / isn't theirs.

563 Ce n'est pas le nôtre. Je ne sais pas à qui il est.
It is not / isn't ours. I do not / don't know whose it is.

564 Combien de temps est-il resté ?
How long did he stay?

565 Je devrais manger moins de chocolat.
I should eat less chocolate.

566 Ils sont en train de jouer au golf.
They are playing golf.

567 Ils ont planté des fleurs devant leur maison la semaine dernière.
They planted (some) flowers in front of their house last week.

568 Elle écoute la radio tous les jours.
She listens to the radio every day.

569 Notre cuisine est aussi grande que la vôtre.
Our kitchen is as large as yours.

570 Prenons nos parapluies !
Let's take our umbrellas!

571 Il est rentré des Etats-Unis il y a deux semaines.
He came back from the United States two weeks ago.

572 Leur frère vit en Irlande depuis 1990.
Their brother has lived / has been living in Ireland since 1990.

573 Nous aimerions aller à l'étranger l'année prochaine.
We would like to go abroad next year.

574 Notre appartement est plus petit que le leur.
Our flat is smaller than theirs.

575 Nous aimons lire ce journal français.
We like reading this French (news)paper.

576 Lave-toi les mains avant de manger !
Wash your hands before eating!

577 Je suis désolé, nous ne vendons pas de timbres.
I am sorry, we sell no stamps.
I am sorry, we don't sell any stamps.

578 Il lui avait dit de venir.
He had told him / her to come.

579 Je dois lui téléphoner (à elle) pour l'inviter.
I must phone her to invite her.

580 Combien de temps resterez-vous en Italie ?
How long will you stay in Italy?

581 Je ne l'ai pas vu depuis trois ans.
I have not / haven't seen him for three years.

582 A qui est cette voiture rouge ? - Elle est à mon père.
Whose is this red car? - It is my father's.

583 Des milliers de personnes viennent ici tous les ans.
Thousands of people come here every year.

584 Plus de trois cents personnes sont venues à leur soirée hier.
More than three hundred people came to their party yesterday.

585 Elle pourra rester.
She will be able to stay.

586 Tu devrais lui parler. Elle est en colère.
You should speak to her. She is angry.

587 J'aime ces chaussures jaune. Je vais les acheter.
I like these yellow shoes. I am going to buy them.

588 Nous avons l'habitude de nous lever à 6 heures du matin.
We are used to getting up at 6 in the morning.

589 Il est venu hier. Il n'y avait personne.
He came yesterday. There was nobody.
There wasn't anybody.

590 As-tu besoin d'acheter une nouvelle voiture ?
Do you need to buy a new car?

591 Tout lui fait peur (à elle) la nuit.
Everything frightens her at night.

592 Que fait-elle ? - Elle joue du piano.
What is she doing? - She is playing the piano.

593 Il se pourrait qu'il neige.
It might snow.

594 Le petit-déjeuner est servi de 7 à 9 heures.
Breakfast is served from 7 to 9.

595 Nous ne connaissons pas la raison de son retard.
We do not / don't know the reason for his / her delay.

596. Il n'a pas pu réparer la voiture.
He has not / hasn't been able to repair the car.

597 A mon avis, il se peut qu'ils viennent à 17 heures.
To my mind they may come at 5 pm.

598 Ils plantent des milliers de fleurs dans les parcs de cette ville chaque année.
They plant thousands of flowers in the parks of this town every year.

599 Ce livre n'est pas aussi intéressant.
This book is not as / so interesting.

600 Tu parles très bien anglais.
You speak English very well.

POUR PRENDRE VOS NOTES

Ces pages sont à vous !

Notez ici les règles de grammaire que vous devez retenir et les mots de vocabulaire que vous ne connaissez pas.

....

....

....

....

....

....

....

....

....

....

....

....

....

....

....

....

....

....

....

....

....

....

....

....

....

....

....

....

....

....

....

....

....

....

....

....

....

....

....

....

....

....

....

....

....

....

....

....

....

....

....

....

....

....

....

....

....

....

....

....

....

....

....

....

....

Imprimé en France. - JOUVE, 11, bd de Sébastopol, 75001 PARIS
N° 459467E. - Dépôt légal : Juin 2008